女、今日も仕事する

大瀧純子

シナジーカンパニージャパン
最高経営責任者

まえがき

現在私は、成り行き上、小さな会社の社長をしていますが、働く女性たちに悩みを打ち明けられたり、自分の経験を話したりする機会が少しずつ増えています。

私の個人的な悩みと思ってきたことが、同じような壁にぶつかり、仕事と育児の狭間《はざま》で、あるいは女性であることと男性的な社会の狭間で、どこに向かって進んでいくべきなのか、迷い、立ち止まっている女性が少なからずいることを知りました。

仕事を始めて二十数年、学生時代のアルバイトも含めると、三十年近く。振り返れば、私は人生の三分の二もの間、仕事をしてきたことになります。

そのなかで、女性であることのハンディを初めて意識したのが二十五歳の春、入社四年目のことでした。その後の妊娠・出産時には、会社を辞めざるを得なくなりました。また、再就職は予想以上に難しいものでした。

子どもが小さい頃は、子育てを優先して、家でできる仕事を探しました。小学生になってからは、九時から十八時までの会社勤めをするようになりましたが、子どもの寂しい気持ちを知って、心が痛みました。

仕事、家庭、子育て、どれも大事にしたいけれど、時間や自分自身の健康との折り合いをつけ、周囲とのバランスを取りながら、ちょうどよい「場所」を見つけるのに、多くの女性が苦労しています。

働くことを諦めたり、自分はどうせこんなものと能力を生かさなかったり、男性社会に飲み込まれて消耗し疲れ果てたり、逆に仕事のために子どもを持つことを諦めたり、忙しい日々で子育てを楽しめなかったり。女性と仕事の関係はまだまだ良好とは言えないようです。

一方で男性たちのなかにもまた、職場の女性たちとどう付き合ってよいのか、働く妻とどう折り合っていけばよいのか、彼女らが何に困り悩んでいるのかがわからずに、当惑している人が多いのではないでしょうか。

最近では政府も会社も、女性や母親の支援に積極的です。制度や男性の意識など、少しずつ女性が働きやすいものに変わってはきています。ですが、根本的な課題として、多くの会社においては「男性と同じように考え、働くこと」が求められ、そこで苦しむ女性も多くいます。

この本は、女性らしさや子育ての経験も生かしていい仕事をし続けようと、もがき続けてきた記録でもあります。格好悪いことも未熟なこともたくさんあって、それは今でも続いているのですが、それでも「現場」にいたからこそ感じられたこと、経験できたことが、本当の仕事の醍醐味《だいごみ》でもあったと思います。

制度では実現できないこと、女性たち自身が変えていくこと、いけること。どうしたら自分の身体も労《いたわ》りつつ、自分も周りの人も幸せにしながら、いい仕事が長く続けられるのか。そのためには何が必要で、何を捨てるべきか。どんなところをどうやって磨いていくとよいのか。そんなことを、あらためて考えていけたらと思っています。

目次

第一章

女、仕事する

一社だけの就職活動

人生の岐路に立ったとき、「いくつかの選択肢を比べて選んだ」という経験がとても少ないのは、私のひとつの特徴かもしれません。

就職はバブルの時代。どこに行っても引く手あまたでした。私のような中堅大学の文学部の学生でも、先輩を訪ねていったら「ぜひ、うちに来て」と言われました。

友人たちが競うように何社からもの内定を集めているなかで私も、情報誌を眺めたり、大学の就職相談室に顔を出したりしましたが、親が自営業ということもあり、企業に就職するイメージが実感としてまったく持てませんでした。結局、いろいろと考えた末、ほぼ直感を頼りに一社だけ試験を受けることにしました。受けたその日の夕方に返事がきて、そこにお世話になることに決めました。

当時、募集が増え始めていた大型コンピューターのSE（システムエンジニア）の仕事です。新しい時代の仕事だと感じたのと、あとは、制服があって、社員食堂があって、渋谷駅近くという場所にも惹《ひ》かれました。福利厚生が整っていてアクセスも良いということで、結婚後も家庭との両立がしやすいように思えたのです。

論理性と正確さが求められる、文系女子にも向いている仕事で、「男女の差なく同条件でできる」ということも書かれていたように思いますが、まだ社会の実情を知らなかった私にはそれは当たり前すぎて、とくに注目はしませんでした。

思い起こせば大学受験のときも、何校か受けてみるようなことはせず、三年生の夏にどこかに推薦で入ろうと決め、たまたま最初に募集がきた大学に応募して、そこに行くことになりました。

若さゆえ、自分の将来に対してちょっといい加減なところもあったのだと思います。けれども同時に、何か自分のなかに、学校とか会社のような「器」に期待するのではなく、素《す》の自分自身を見つめていきたいという、生意気ですが、ちょっと哲学的な思いの芽生えのようなものもありました。どこに行っても私は私なんだから、というような気持ちでしょうか。そのうえで「縁」みたいなもの、自分以外の何か目には見えない「働き」によって進むべき道を決めてみたい、と思っていました。このような考え方は今も続いている気がします。

どう考えても私のほうが優秀じゃん

周囲の人たちと少し違っていたのは、就職する前に結婚していたことでした。卒論を出し終えて、あとは卒業式を待つばかりという三月初旬。バブルの春風に乗せられて、今思えば、学生にしては少し贅沢《ぜいたく》な結婚式をあげさせてもらいました。

なぜそんなに早く結婚したのかといえば、良い縁に恵まれたというのはもちろんですが、幼い頃から感じてきた生きづらさや寂しさ、もろもろの不安定さから一日も早く抜け出したいと願ってきたからだと思います。

若すぎるということで、はじめは両親には反対されましたが、迷いはありませんでした。結婚、そして就職が決まったことで、「やっと自分の足で人生を歩んでいける」、そんな希望が持てた気がします。

就職したのは、当時「資産額世界一」と言われた銀行系のシステム会社でした。今では変わってきていると思いますが、銀行というところは体質的に古い感じで、男女しっかり差別あるいは区別があって、女の人は偉くなれない仕組みでした。

結婚してから入社した私は、「どうせすぐ辞めるでしょ」と最初から思われていましたし、「辞めません。一生働くつもりです」と言っても誰も信用してくれません。「男性が働いて女性は家庭を守る」という考え方が、会社だけでなく世間の価値観としてもまだ色濃くある時代でした。自分や夫の親にしても、「子どもができたら家に入るんでしょ？」「仕事はそんなにがんばらなくても……」と当然のように思っていて、普通の女性が子どもを生み育てながら企業で働き続ける、ということは想像できなかったと思います。

入社して三年がたち、男性の同期たちがリーダーや主任になるタイミングでも、女性はなれませんでした。自分は一生懸命やっているし、リーダーになった男子よりどう考えても私のほうが優秀だと思って、本人に向かって「なんであんたがなるの？」と冗談まじりで言うと、「オレだってわかんないよ」と苦笑いしながら返されたりして、何か釈然としない気持ちが積もっていきました。

就職した年というのは、男女雇用機会均等法が何年か前に施行されて、女性たちの肩に力が入っていた時代でした。ガチガチの肩パット入りのスーツを着て、高いヒールをコツコツと鳴らしながら街を颯爽《さっそう》と歩いている。実際には、そういう女性はそれほど多くはなかったのだと思いますが、マスコミでもさかんに取り上げられて、「これからの女性が目指すのは、ああいうのなのかな」と私も知らないうちに影響を受けていたのかもしれません。

若く未熟で無鉄砲だった私は、「男女が平等に評価されていない」ということを社内で公然と口にするようになりました。男性の上司に直接訴えても無駄だと思い、女子社員たちに「そう思わない？　おかしいよね」と、ことあるごとに話して回っていたところ、目を掛けてくれていた上司から、「そういうことを続けると、懲戒免職になるからやめなさい」と言われました。

疑問を口にしているだけなのに、それがなぜ？　と理不尽に感じながら、でもそれ以上に私が落胆したのは他の女性たちの反応です。

「それはわかるけど、私は子どもができるまで穏やかに働ければいいから」というのが大半で、今思えば、現状を大事にするほうがずっと冷静で大人な対応だったのだと思います。良くも悪くもまっすぐに突っ走ることしか知らなかった私は、みんなに裏切られたような気持ちになって、ひとり傷ついていきました。

やがて抵抗するのもむなしくなって、この会社にいても私の求めている仕事人生は送れない、少人数でもいいから男女平等に評価されて、一生働き続けられそうなところに転職しようと心に決め、独立系のシステム開発会社に同じくＳＥとして転職しました。

ただ、当時のそんな状況のなかでも、「やっぱり世間ってそういうものよね」とは不思議と思いませんでした。

女性であっても、結婚しても子どもがいても、長く勤められて、かつ、やりがいのある面白い仕事も任せられて、社会的に意味のある成果が出せたり、会社が進むべき方向性の決定に関われるようなポジションに就いたりという可能性はあるはずだと、それはずっと思っていました。

でも、今の自分が主張しても認めてはもらえない。それまでの時代に合わせて生きてきた人たちには、その時代の価値観がしっかりと染み込んでいて、芽吹いてきた新たな価値観を認めるなどということは容易ではありません。

ただ、自分のなかに、この「おかしいな」という気持ちを持っていると、いつか何か起こるんじゃないかという予感のようなものは、その後も持ち続けていた気がします。

妊娠する「ベストなタイミング」？

「えー、嘘でしょー？」

妊娠を報告したときの、上司のひと言です。

その頃私は二十六歳。結婚してすでに五年目を迎え、周囲からは「子どもはまだか？」と頻繁《ひんぱん》に聞かれるようになっていました。今ではそういうこともずいぶん減っていると思いますが、ある意味おせっかいな時代だったのです。親戚や友人からの年賀状には「早く元気な赤ちゃんを産んで、ご両親を安心させてあげてください」という決まり文句が必ずといっていいほど書かれていて、「結婚適齢期」「出産適齢期」といった言葉がまだ生きている時代でした。

そんなプレッシャーもあるなか、転職して二年目に、めでたく妊娠しました。「赤ちゃんができまして……」と上司に話をしに行ったときの反応が、冒頭のひと言です。上司は四十歳前後の男性で、私は入社してからまだ一年と二、三カ月。あちらとしては、やっと戦力にもなってきているし、これからという感じがあったと思います。自分が会社をまとめていく立場になって、今では上司の気持ちもよくわかります。

苦々しい表情で、「えー、なんで今?」と言った後は、しばらく沈黙が続きました。これ以上何を言ったところで、すでに妊娠しているわけだし、もう手遅れ、意味がないと気がついたようです。

「……はい。でもぎりぎりまで働きますので」と、私はつとめて明るく答えました。たとえそれが翌年であったとしても、同じことを言われたはずです。働く女性が妊娠する「ベストなタイミング」なんて、じつはない。あるとしたら、その人はそもそも戦力外で、会社としても円満に退社してくれるのを望んでいた、というような場合だと思います。

そこから妊娠八カ月直前ぐらいまで、大きなお腹《なか》を抱えながらコンピューターに向かって働いていましたが、やはりその上司との信頼関係は失われてしまいました。嫌味を言われたり嫌がらせを受けたりまではなかったものの、あきらかに「もう期待してないよ」「やっぱり女はダメだな」という感じがひしひしと伝わってきました。変に気を遣《つか》われすぎたりもして、上司も妊娠している部下をどう扱っていいのか、わからなくて困惑していたのだと思います。

ＳＥの仕事というのは、当時の私の担当でいえば、大手の旅行会社の予約管理システムを設計し、プログラムを書き、テストを繰り返し、最後には実際に導入していくという作業をおこなっていました。そのなかでバグ（プログラム中の間違い）が見つかって修正作業に追われれば、何日でも徹夜するのが当たり前。期限を厳守し、ミスのない成果物を提出することが求められる仕事でした。

たとえ風邪をひいていても、「徹夜すると治る」などと部下に言っていた上司もいたくらいです。私自身、しょっちゅう風邪をひいたり、原因不明の不調が続いたりもしましたが、休みを取ることはほとんどありませんでした。

健康で長く働く、などという考え方は男女を問わず「ない」に等しい業界でした。今であればネット環境を整えて在宅で業務を請け負うことなども可能だと思いますが、当時はそのような方法も難しく、終わるまで、現場でひたすら作業するしかありませんん。チームでの作業となることも多く、問題が起こっているときに「お先に」と言って帰ることなど到底できそうにもありませんでした。小さい子どものいる女性が続けられるような仕事ではないと誰もが感じていて、自分でも、ここでいったん退職するのは仕方ないのかなと思いました。

ただ、自分には合っていた仕事で、世の中がシステム化されることでより便利に、よりスピーディーに変わっていくことが実感できる面白さや、やりがいも感じていました。できることなら続けたい、いつかこの仕事で復帰したいと心のなかで願っていました。

もっとやれる、やらなくちゃ

最近の女性たちを見ていて、その頃の自分と重なることがあります。

今私が社長を務めている会社では、新しい人を採用しては、また誰かが辞めていく、という繰り返しをしていた時期が六、七年ありました。その採用活動のなかで、応募フォームの内容を見たというだけなら四〇〇名ほど、面接で会った人も二〇〇名以上はいたと思います。

当時、私はまだ社長ではありませんでしたが、募集・採用活動は中心となってやっていて、可能性のありそうな人には、まずは私が会って話をしました。創業から五、六年はハーブティーやアロマセラピー商材なども扱っていたので、そういうものに関心が高い二十代、三十代の女性がほとんどでした。

そのうちの三人に一人以上は、以前の会社のハードワークで身体を壊したり、生理が長く止まってしまって妊娠できるのか不安に思っていたり、メンタル的に追い込まれて、高い給料よりも働きやすい職場を希望しているという人たちでした。ハーブやアロマに興味を持ったきっかけが自身の体調不良だった、という人も少なくありません。

なかには社長秘書を一年ほどやっていて、社長よりも早く帰ってはいけないという暗黙のルールがあり、毎日終電で帰る生活を続けて、とうとう職場で倒れたという二十代の女性もいました。

単なる過労と片づけられがちですが、女性が倒れるというときには、数日ゆっくり休めば元に戻る、ということではすまないケースも多くあります。

男性にはわかりにくいと思いますが、女性の身体は初潮から閉経するまで、妊娠し、赤ちゃんを産むためのホルモンが出続けて、心身のバランスを取っています。そのバランスはそれほど確固としたものではなく、二、三日徹夜をしたり、ダイエットをして急に四、五キロやせたり、何か強いストレスを受けたりするだけで排卵や生理がストップしてしまうのです。長期にわたってこのような状態が続けば、妊娠だけの問題ではなく、若くして骨粗しょう症を発症したり、更年期障害に似た症状が出たりと、さまざまな不調をもたらします。

近頃メディアでは、大企業で活躍する「スーパーママ（子育てしながら上級職に就いている女性）」を取り上げ、みなさんも上を目指していきましょう、というメッセージを送っています。ですが、働く女性たちの多くが望んでいることとは思えませんし、そういう報道を見て、真面目《まじめ》な人ほど、がんばり屋さんほど、「自分の努力が足りない、もっとやれる、やらなくちゃ」と自分を追い込んでしまいがちです。自分でも気がつかぬうちに、心身をギリギリの状態まで使ってしまうのです。

三十代、四十代ともなると、会社でも中堅社員となって責任や負担が増え、ストレスも大きくなります。仕事以外でも、毎日の家事・育児に加え、子どもの学校の行事や役員の仕事などを引き受けたり、親の病気や介護も加わったりして、加速度的に忙しくなっていきます。更年期に近づけば、体調や気持ちの揺れに翻弄《ほんろう》されることもあり、女性の心身が受けているダメージは本人が意識しているよりももっと厳しい気がします。

どれくらいがんばるか、仕事に重点を置くかは人それぞれだとしても、誰にでも共通して言えるのは、まずは「自分の心身を守ること」。上を目指す前に、継続できる働き方を考えていく必要があると思うのです。

「この身体がある」ということ

数年前に、大事な友人のひとりが乳癌で命を落としました。私よりは何歳か年上の、とても若々しく素敵な女性でした。十年ほど前に完治したと思われていたのが再発し、手術もできない状態でした。彼女が亡くなってからひと月ほどが過ぎて、表面的にはすっかり日常を取り戻したように思えていた頃、私が何をしたかというと、それまでではありえないほどたくさんの洋服やアクセサリーなどを次々と購入していったのです。自分の意志ではコントロールできないような何かに突き動かされ、まるで買い物依存症のようになりました。

それも、それまで着ていたような無難な黒やグレーの無地のものとは真逆の、大胆な花柄のワンピースやピンクのミニスカート、襟元の開いたブラウスや大ぶりの派手なネックレスなど、華やかで女性でなければ身につけないような色やスタイルのものばかり。お金も相当使ってしまって、自分用に貯めておいた、いわゆるヘソクリも底をつきかけて、ようやく収まりました。

「飢えている」という言葉が当てはまるほど、買っても買っても足りない、満たされない。私のなかの何かが危機に瀕《ひん》した状態にありました。女性としての心身を失う恐怖を心の奥深いところで強く感じていたのかもしれません。買い物していても、楽しい嬉しいだけではなく、不安な自分の心を何とか収めているような辛さがありました。

冷静に言葉にすれば、「生きているうちにもっと女性として輝きたい、女性であることを表現したいと思った」ということなのでしょうけれど、自分の「女性性」ともあらためて向きあったのだと思います。うまくは言えないのですが、それまで、「この身体がある」ということを大事にしてこなかったな、という反省とともに、これからあとどれくらい生きているかわからない、この肉体があることの幸せを大切にしようと思ったのかもしれません。そして、そこで起こったことは仕事においても、案外大事なことだったように思います。

女性が現代の社会で活躍するというなかでは、女性としての身体も感性も、ずいぶん窮屈に押さえつけられている部分があります。「私は女性なので、こんなふうに考えます」とか、「女性としては違う方法がいいと思います」とか、そういう発言の仕方はあってもいいと思うのですが、会社という場所では、なかなかそのようなことは認められません。

ですが、女性という特性、つまり考え方、嗜好《しこう》、強み、弱いところ、などが会社のなかでも理解され、尊重されていくということは、働きやすい職場をつくるだけでなく、女性やファミリーのニーズをとらえた良い商品、良いサービスなどにも同時につながるはずだと思います。

女性たち自身も現状が当たり前と感じている場合が多いので、なかなか急には変わりません。けれども自分が女性であることをもっと楽しみ慈《いつく》しんで、少しずつでも仕事で表現していけたら、より柔軟にアイデアや新しい視点も生まれ、仕事のやり方も効率的になっていくのではないでしょうか。そういうことと女性の健康は、無関係ではないと思うのです。

ひとつひとつ交渉していく

当たり前ですが、男性たちにも職場や仕事上の悩みやストレスはあります。健康上の不安や、家庭を持つことでの経済的な負担を強く感じている人もいると思います。

一方、女性たちのなかでも、子どもがいたりいなかったり、年齢や健康状態もさまざまで、それぞれの悩みを抱えています。

ここ数年、少子化対策ということで、働くママへの支援が整いつつありますが、制度だけですべてが解決するわけではありません。これからの時代、女性がいい仕事を長く幸せに続けていくためには、女性の側にもやるべきことがいくつもあると思うのです。

たとえば産休制度。

制度はもちろん、ないよりもあるほうがいいと思います。「産休制度があったおかげで、子どもを産んでも元の職場に復帰できました」という人も多くいますし、現にうちの会社にもひとり産休中のスタッフがいて、その制度を利用しています。

けれども復帰後、その人が早く帰る、以前と同じようには働けないということに関して、みんなは本当はどう感じているのか。それを快く思っているのか、じつは迷惑だと思っているのか。そういう本音の話はまた別にあるのです。

「あの人、戻ってこなければいいのに」「なんで私があの人の分まで働かなきゃいけないの？」などと思われているなかでは仕事もスムーズには進まず、そこで働き続けることは相当きついはずです。人と人との感情の問題は法律や制度ではカバーできません。

私自身そうでしたが、学生時代の評価のされ方や常識をひきずったまま社会に出てくると、「規則で決まっているんだから、文句を言われる筋合いはない」とか、「男女平等なのにこれはおかしい」というように真っ向《まこう》から権利を主張しがちです。ですが社会は全然そんなふうには動いていません。

もし、産休を取って、その後も快適に働き続けたいと思っている人がいて、「じゃあ、どうすればいいの？」と聞かれたら、私なら、「面倒だけど、ひとつひとつ交渉してみたら？」と答えると思います。

昔の私にはできなかったことですが、今なら事前に周囲の人といろいろな話をして、みんなの仕事の状況や要望をリサーチし、自分が何をすれば、不在中も支障が少なく、復帰後も「やっぱりいてもらえると助かるな」「必要な人だな」と思ってもらえるかを考えます。同時に、自分の状況も丁寧に伝えていく。何は問題がなくて、何はサポートが必要か、既存の制度にこだわらずに相談してみる勇気も必要です。

そして人との関係で一番大事なのは、「ありがとうございます」「助かります」という感謝の言葉をおしまず何度でも使うこと。そういうことを一度も言わない、という人はいないと思いますが、「前にも言ったから」「こんなことはやってもらって当たり前のことだから」などと思わず、繰り返し伝えることが大切です。とにかく戦わないように、職場の人たちが「お互いさまだよね」と言ってくれるように、みんなを味方につけていく。それを仕事の一部だと考えたほうがいい。

社内での交渉なんて仕事じゃないよ、と思う人もいるかもしれませんが、実際にはそれが仕事の成果にもつながっていきます。じつはそこが大事な能力。会社のためだけでなく、自分自身が幸せに仕事をし続けるためにも必要な能力です。ですから、面倒がらずに磨いていけたらと思います。

パワーゲームに乗らない

女性にはやっぱり知恵がいると思うのです。

保育園が増えて、待機児童が減ろうとも、男性の育児「参加」が増えようとも、社会の根幹はそう簡単には変わらない。ルールをつくれる、ルールを変えられるのは、依然として男性たちです。

そのなかで女性ががんばっていくというのはすごく厳しい。年齢に伴う体調の変化もそうですし、女の人はライフステージが大きく変化していきます。結婚・出産・子育て、最近では介護の問題もあります。男の人は結婚し子どもができても、ある意味ほとんど変化がなく、仕事への悪影響は女性に比べたらないに等しいと思います。

女性が男性と同じ条件で――その条件自体、男性に合わせてつくられたもので――同じように働いて、それで上のポジションに行ってください、政府もスローガン掲げて女性の活躍を応援していますよ、などということになっていますが、憧れているうちはいいけれど、実際にそこに行ったらものすごく大変です。女性活用の制度だけ先につくられても、「そんなことはほとんど誰も望んでいません」となってしまったら、最後には、女性たちのやる気がないのが問題だと男性たちは言い始めるかもしれません。

先にふれたように、私もかつて男女差別を感じて会社を辞めたことのあるひとりですが、そのルールを変えることはとても困難で、そこに真正面から立ち向かっていっても、自分ばかりが消耗してしまいました。同じ女性であっても、そういう現状を仕方ないと諦めている人も多く、ひとりきりのレジスタンスになる場合も多いのです。

でも、もし、こういう社会で息苦しさを抱えている人がいたら、「その気持ちや男性社会への違和感をなくさないで」と伝えたい。「そう感じているあなたは間違っていないし、その感覚は忘れないで」と。

それと同時に、男性と同じ土俵にあがって、この人を言い負かさなくちゃいけないとか、男性以上にバリバリ働いて必死に偉くなって、女だからって何か言われないようにするとか、そういうパワーゲームに乗らないということが、女性の知恵として大事なのではないかと思います。

たとえば、男性は女性よりも体力があって、長時間労働にも対応できるからか、とりあえず思いっきりダッシュする、というような仕事の進め方をしがちです。無駄があろうが間違えようが、徹夜でまたやり直せばいい、「とにかくこの赤字を急いで黒字に変えるんだ」と大きく急激に舵《かじ》を切る。その結果、もっと赤が出てしまうかもしれないのに、とりあえず突っ込んだら走ってしまう。

でも、「走り出す前にちょっと反対側も確認してみない？」「問題が起きたときのことを事前に考えましょうよ」「作業を効率化することを先にやりましょう」というようなことを女性が考えていくと、バランスがいいのではないか。男性的な、硬直化したところに柔らかさを出していく場面などに女性の出番があるのでは、と思っているのですが、そのあたりはまた後ほど詳しく考えてみたいと思います。

第二章

女、母になる

お腹に戻ってほしい

　妊娠中は本当に幸せでした。何より生まれてくるのが楽しみでしたし、みんなにも優しくしてもらい、「えーっ」と言っていた上司でさえも、徐々に大きくなるお腹を見ては体調を気遣《きづか》ってくれました。先輩や同僚たちも「元気な赤ちゃんを産んでね」「生まれたら連れてきてよ」と声をかけてくれ、初期につわりで苦しんだ以外は順調なマタニティーライフを送りました。

　お腹の子のためと言いわけしつつ、食べたいものをたらふく食べて、早寝早起きの健康的で快適な生活。「体調もいいし、こんな調子なら、産んでちょっとたったら仕事に戻れるんじゃないかしら？　自分は以前と何も変わらないし、子どもだって保育園に預けちゃえばいいんだし」と思っていました。

　ところが、いざ子どもが生まれてみると、状況は一変しました。愛《いと》しさが生まれてくると同時に、「そういう簡単なことではないな」と気がついたのです。本人はまったく変わらないと思い込んでいたのが、「自分＝私と赤ちゃん」と自然に変わっていて、いろいろなことが「私」本位では決められなくなりました。

何をするのでも「この子をどうしよう？」「この子はそれで大丈夫かしら？」と、そちらに判断基準が移ってきます。すると、それまでは「何としてでも預けて復帰できれば、そのほうがいい」と思っていたのが、「できるかもしれないけれど、それはこの子にとってどうなの？」「そこまでしてする仕事なのかな？」といった疑問が湧いてきました。

「SEなんて代わりはごまんといるけれど、この子の母親は私ひとり」と思えてきて、社会的にも、「幼い子どもがいるのに働きに出るのはちょっとどうかな。子どもがかわいそう」という風潮もあって、「仕事は、しばらく諦《あきら》めるしかないかな」と思いました。

その頃、夫は大企業で働き盛りの年齢で、子どもが生まれてからも、まともな時間には帰ってこられませんでした。生まれて二週間後にはアメリカ出張に行ってしまうという状態。自分の両親や夫の両親も離れて住んでいたので、頼りにはできませんでした。結局ほぼ一日中、私と赤ちゃん、ふたりきりの生活が始まりました。

産後の体調もなかなか回復しないなか、ふらつくような状態で、泣けば抱っこをし、慣れない手つきでおむつを替え、恐る恐るお風呂に入れては大泣きされて、自分でも何をやっているのかわからないような気持ちになりました。ずっと働いていたため、友だちどころか知り合いも近くにいません。ちょっと相談したり、愚痴《ぐち》をこぼせる相手もいませんでした。

夜中に何度もおっぱいをあげなければならず、睡眠リズムが完全に狂って、不眠症にもなりました。朦朧《もうろう》とする頭でウツウツと煮詰まって、自分はダメな母親なんだと自信もすっかりなくなり、完全に「産後うつ」という状態でした。息子には申し訳ないけれど、お腹に戻ってほしい、あの頃は楽しかったなあ、とぼんやり思い出しては涙があふれます。

その頃、うつになったお母さんが赤ちゃんをマンションのベランダから落としてしまうという悲しい事件があって、ニュースで連日報道されていました。そんなことはしないと自分でもわかっているけれど、その母親の追い込まれている気持ちが手に取るようにわかりました。毎日、家のベランダから見える電線にとまるスズメを数えては泣いて、夕方になるととくに泣けてきて、泣いている子ども以上に私が泣いている、そんな状態がしばらく続きました。

自分が自分でなくなってしまう

息子は本当によく泣きました。一日中抱っこしても、おっぱいを十分にあげても、おむつを替えても泣いていました。新米ママの不安な気持ちが赤ちゃんにも通じていたのかもしれません。育児雑誌や育児書などには、

泣いてもすぐには抱っこしないようにしましょう
おっぱいは時間を決めてあげましょう
機嫌のいいときには赤ちゃん体操をさせましょう
午前中に三十分、日光浴をさせてあげましょう

と、現実の赤ん坊を前にしては、とても無理難題と思われるようなことが数えきれないほど書かれていました。

実際には、そんなことにすべて従わなくても子どもはちゃんと育つのです。

でも、それまで勉強や仕事で「習ったことを実践する」「きちんとやる、正しくや

る」という考えに慣れきっていた私は、そのとおりできなければダメなんだ、母親失格なんだ、と強迫的に自分を追い込んでしまいました。

とくに、真面目で、学校の勉強が得意だったような人は、そういうマニュアルを信じて完璧に実践しようと努力しがちです。泣いている子どもの様子をじっくり観察する前に、育児書を開いてしまう。

息子はすごくマイペースな子で、「普通はこの時期に寝返りを打ち始めますよ」という月齢になっても、まったくする気配がありませんでした。三カ月検診のときに保健所の方が息子をちらっと見て、「あら、まだなの？」と言われたことをものすごく気にして、その言葉が頭から離れなくなったこともありました。

自分が自分でなくなってしまう、と思いました。仕事をやっていた、自分なりに輝いていた頃の私と何もできない今の私がいて、子どもを泣きやませることもできないし、誰かに「わからないから知恵を貸して」と助けを求めることさえできない。仕事だったらできるのに、育児ではダメなお母さん。そういう自分がどんどん辛くなってきて、とにかく早く仕事に復帰したいと思いました。

子どもを愛する気持ちはこんなにもあるのに、同時に、「自分が働けないのは、輝けないのは子どものせい？」と考えてしまう。

今思えば未熟だったということに尽きますが、社会とのつながりを失いかけて、自分さえ見失いそうな、大きな揺れを感じていました。

ついに、ぶち切れる

夫は基本的に、私には「働いてくれてもいいし、働かなくてもいい」というスタンスでいてくれたので、その点は気楽でしたが、世間ではまだ、妻には家にいて家事・育児をしっかりやってほしい、それが男の甲斐性《かいしょう》だとか、仕事を持つ奥さんは「働かせてもらう」という考え方が主流でした。

それでもずっと働きたいと思っていた私は、彼のことがすごくうらやましかったのです。「私だってがんばってきたのに、なんであなただけそんなに活躍してるの？」と。理系のエンジニアで、会社で優秀賞をもらったり、海外出張に行ったり、社内でも評価されてきて、それがまぶしすぎるという感じでした。

「見て、私はこれだよ?」と心のなかでつぶやきました。一生懸命やっているのに全然思うようにいかない。うんちとおしっこと、よだれと、そんなものにまみれて、よれよれの服を着て、夜中のおっぱいで毎日寝不足でふらふらしている。それなのに、夫がたまに外で飲んで帰ってきたりすると、すごく憎たらしい。

「よくそういうことができるよね?」「こっちは頭がおかしくなりそうになりながらやってるのに!」。今から思えばそんなに頻繁ではなかったし、夫からすれば、とんだ「とばっちり」だったかもしれません。ただ、その頃は素直に口にすることもできず、心に溜《た》め込んでいました。

　本人は別に育児を手伝わないという気もないし、むしろやりたいと思っている。けれども、毎日夜十一時、十二時という時間に帰ってくるので、私のほうが「明日の仕事に差し支えないように」と気を遣ってしまいました。それに、「帰ってきたらお風呂に入れるから」と言われても、そんなに遅くまで待っていられない、早く寝かしつけたい、となってしまい、うまく育児に参加してもらうことができませんでした。

「夜の十時から二時が成長ホルモンの出る時間ですから、遅くとも十時前には寝かせましょう、できれば八時頃が理想的です」とこれも育児書で読んだり、保健所で指導を受けたりして、それを生真面目《きまじめ》に守っていました。

一歳になるぐらいまでは、パパが抱っこすると息子は嫌がって泣いていました。週に一、二回しかそういう機会がなくて、子どもにとっては近所のおじさんと変わらないレベルだったのだと思います。それはパパにとっても、かわいそうなことでした。本当にちっちゃくて、ものすごくかわいい時期に、十分に接して過ごすことができなかったのですから。

そういう、お互いにとってあまり良くない状況のなかで、私はひたすら「私が犠牲者だ」と思っていました。「男の人は何にも犠牲にしなくていい。ただ子どもが増えたというだけでしょ？　でも私はこんなに自分を犠牲にして、仕事だって辞めざるを得なかったのに」と恨《うら》めしい気持ちが湧きました。

そして、とうとう、子どもが四カ月ぐらいのときに本当に切れてしまったのです。それまではそういうことを遠慮がちに言いながらも、「もうちょっとがんばってみようか」という感じがまだあったのに、あるときに我慢の糸がぶち切れてしまいました。

「私、このままじゃおかしくなっちゃう。もう耐えられない」と、一時間近く泣き叫んでいたように思います。夫はずっと黙って聞いていましたが、私が落ち着いてきたのを見て、「だったら僕は会社を辞めるよ」と言いました。

「今、エンジニアとして家族のためにもがんばっているけれど、でも今の会社にいたら定時に帰れるような仕事には就けない。家族が大事だから会社を辞めるしかない。僕はそれでもいいよ」と、かみしめるように真剣な表情で話しました。

それを聞いて、ハッとして、「そんなことをさせるわけにはいかない」と思いました。息子がまだ四～五カ月の頃で、初めての育児はそれぐらいまでが一番大変です。慣れない育児の緊張感と寝不足、外出もままならず、お母さんは孤独になりやすい時期です。彼がもしそう言ってくれなかったら、私はもっと追い込まれていたでしょう。

思いもよらない夫の言葉を受けて、次第に私は、つきものが落ちたかのように穏やかな気持ちになっていきました。そして不思議なほど、被害者意識は薄れていきました。同時に、私も彼の仕事を大事に思っていたことをあらためて感じたのです。

あのとき、彼に「じゃあ、あなたは定時で帰れる会社に移って、育児を毎日手伝ってよ」と言っていたら、きっと後悔していたと思います。

保育園との決別

「これ以上家にいたら、二度と社会に戻れないんじゃないか」という不安を抱きながら、それと同時に、「でも、ここにこんなに小さな子どもがいて、私を必要としている。自分のことは二の次」という葛藤がありました。

それでもまずは可能性を探ってみようと、子どもを預けられるところを探してみることにしました。認可保育園は今よりも状況が厳しかったので、すぐに諦め、隣駅にあった無認可でゼロ歳児から預かってくれる施設に見学に行ってみました。

狭めの体育館のようなところに、滑り台や大型の遊具があって、楽しそうに遊んでいる子どもたちが五、六人。ひと通りの説明を受けて、「ここに預けてみようかな」と思い始めていたとき、ゼロ歳児用ベビーベッドの近くに保育士さんたちが集まって小声で話しているのが偶然耳に入ってきました。

「あいつ、泣きやまなくてやんなっちゃう」

「今日おむつ替えるの五回目だよー。もうやだー、放っておこうかな」

これはダメだ、とても預けられないと思いました。赤ちゃんにはわからないと思ってその人たちは話していたのでしょうけれど、赤ちゃんでも、その「悪意」は感じているはずです。

それは保育士さん個人が悪いというより、労働環境自体が良くなかったのだろうと、今は思うところもありますが、それにしてもです。窓のない部屋の奥は、何とも言えない独特の臭いが充満していて、それにも気が滅入りました。

ここに預けるようなことをしたら絶対に後悔する、近くにめぼしいところは他にはないし、もう保育園は諦めようと心に決めました。自分で育てられるだけ育てて、何とか他の人に助けてもらいながら仕事ができないか、と何となく思い描いて、保育園とはそこで決別したのです。

もちろん、良い保育園はたくさんあるでしょうし、私がたまたまそんな光景を目《ま》の当たりにしてしまっただけですが、これも人生の分かれ道のひとつだったようです。

女性が社会で活躍するうえで、現代において保育園はなくてはならないものです。経済的事情から出産後すぐに働き出さねばならないお母さんもいれば、会社からの要請で十分な産休を取れずに復帰せざるを得ない場合もあると思います。いろいろな事情を抱えているなかで、そういう社会的なサポートは必要な人みんなが利用できるよう整備されていくのが望ましい。

ただ、私のように社会とのつながりを失うことを恐れて早々に仕事に戻りたいという場合や、子どもは大勢の子どもたちのなかで社会性を身につけていくのだから、早く預けるに越したことはない、と何となく思い込まされている母親たちが、世の中の流れに押し流されて、不本意な決断をしないほうがいい、と思います。

大事なことは、「こうじゃなきゃいけない」という囚《とら》われを捨てて、それぞれのやり方を模索していくこと。そのなかの一つの選択肢が保育園なのです。

もうひとつ考えてみたほうがいいなと思うのは、その方法が「その子に合っているのか」ということです。

もし、うちの息子が他の子どもや肉親以外の大人とも、何とか楽しく過ごせるタイプだったなら、もっと前向きに、できるだけ早く預けて働こうと思ったかもしれません。ところが、一時預かりの託児所やベビーシッターなど、いろいろな方法を試しましたが、ことごとく、親子ともに苦い経験に終わりました。

子どもには個性がなくて、「親が自由にできるものだ」という前提で物事を決めていきがちですが、子どもも一人のちゃんとした人間で、人格があります。成長するにつれ変わってくるところと、ずっと変わらないところがあって、成長のスピードもそれぞれです。

母親は、他の子どもたちと同じように我が子が成長していかないと不安に思いがちです。ですが、子どもの個性や状況を受け入れて、親子ともに自分たちなりの道を模索していくことで、新たに開けてくることもあります。

まさに、私の仕事人生はそうして、ある方向に流れていきました。

子どもが生まれた瞬間、私は、「この子は一個の小宇宙だ。私とは違う世界を持った別の人格なんだ」ということを不思議なくらい強烈に感じてしまいました。

産道で長い時間、酸欠になって、赤い斑点だらけの顔をして生まれてきた赤ん坊を抱いて、ここに「命が宿った」のだと、はっきりと感じました。それは単に喜びというよりも、「畏《おそ》れ」に近いものでした。その分、仕事を始めることへの葛藤は大きかったように思います。

社会への扉がちょっと開いた

ＳＥというのはある意味で「手に職がついている」職種で、特別な知識も必要ですし、五年間そこそこ自分なりにやってこられたので、辞めた当時は『いつでも復帰できる」と気楽に思っていました。就職して二年目に、合格率の低い情報処理技術者試験にも合格して、それが前回の転職時にも有利に働きました。

子どもが二歳になる頃、ためしに数社、履歴書を送ってみました。ところがどこからも良い返事は返ってこず、面接にさえこぎ着けませんでした。あれだけ時間とエネルギーを注ぎ込んで取得した資格も、何の役にも立ちません。前の会社の上司に相談しても、「すぐに子どもを預けて働くのなら考えてもいいけど、とにかくフルタイムで戻ってこられないのならＳＥの仕事はできないよ」とはっきり言われました。

おまけに、コンピューターの世界は日進月歩。しばらく離れているうちに、自分のもっている知識も古びて感じられるようになり、さらに焦りが募りました。

その後も、就職しようといろいろ活動してみても、うまくはいきませんでした。子どもを預けながらでも再就職するのは容易ではない時代に、小さな子どもがいて、預けるところは決まっていません、などという人を採用する会社がないのは当然と言えば当然です。

状況に反して、働きたい気持ちは収まるどころか日に日に高まっていきます。息子ももう二歳。そんななか、たまたま新聞で目にしたのが、ある幼児向け英語教室の「ホームティーチャー募集」の広告でした。

お母さんたち（なかには独身の人も少数いました）が自宅の一室を使って教室を開くというやり方で、テレビコマーシャルでも一時期さかんに宣伝されていました。一応、英語の試験と面接があって、合格後、五日間みっちり研修を受けました。

SEから英語の講師へ、それも相手は子ども。まったく何の共通項もなく、それまで考えたこともない選択肢でした。それなのに、なぜか「ピン」とくるものがありました。「これならできそう、やってみたい」と思いました。

追い込まれたのがかえって良かったのか、「これまでの仕事には戻れなくなるかも」とか「今までのキャリアはどうなるの？」などという考えは一切浮かんできませんでした。今考えても、とても不思議な気がします。ただひたすら、「仕事」の二文字を切望していたということかもしれません。

収入としては月に二〜三万円ほどでしたが、それでも夢のようでした。もう戻る場所はないんだ、誰にも必要とされていないんだと思っていたのが、ちょっと社会への扉が開かれた気がしました。自分もそうやって新たなスキルを身につけて、お金を手にすることができる。社会とまた少しつながって、自分なりに新たな可能性を実感しました。

ただ、始めて一年で夫の転勤が決まり、家族でアメリカに住むことになって、私の教室は残念ながら閉めることになりました。それから、カリフォルニア州のサンノゼというところに一年の期限つきで引っ越しました。

二度目の危機inアメリカ

もちろんアメリカではビザの関係があって働いたりはできなかったのですが、とはいえ刺激的な生活ではありました。何もかもが目新しく新鮮に見えて、言葉の問題はありましたが、それ以上に「外国で暮らす」ということに興奮していました。

でもそれが、行ってすぐにまた、精神的な危機を迎えてしまったのです。そもそもの原因は、私が運転免許を持っていなかったということ。日本ではずっと便の良い場所に住んでいたので必要と感じたことがなかったのですが、私たちが引っ越したサンノゼあたりは電車もバスも不便で、治安上も安全とは言いがたく、どこに行くにも車がないと、という状況でした。

息子は、あとひと月で四歳の誕生日を迎えるというところ。もうすぐ三年保育の年少クラスに入れる年齢でした。ところが、一番近い幼稚園でも家から三キロの距離で、とても歩いて連れていくことなどできません。あちらでは親が送り迎えするものと決まっていて、それができないということは、すなわち幼稚園には入れないということでした。

登園する時間より、夫の会社の出勤時間のほうが早く、逆に帰りは遅いため、幼稚園に入れてやれるかどうかは私の運転免許にかかっていました。どうしたものかと迷いながら、二カ月ほど免許なしでやっていましたが、夫が車で会社に行ってしまうと子どもとずっとふたりきり。ほとんど家にいるか、近くのスーパーに買い物に行くだけという生活を続けて、子どもが赤ちゃんだった頃の、あの孤独な日々が思い出されました。

ある日、夢を見ました。ダムの上か何か、大きな建築物の頂上の細い道を息子とふたり、手をつないで歩いています。足を踏み外したら奈落の底に落っこちてしまうと思って、ゆっくりゆっくり、その平均台ほどの幅しかない道を歩いているのですが、その途中で息子の手を過《あやま》って放してしまうのです。息子はシューッと音を立てながら、まるで吸い込まれるように壁の内側に沿って一気に落ちていきました。私は底のほうに向かって必死に息子の名前を呼んで泣き叫ぶのですが、返事がなくて……、というところで目が覚めました。本当に怖かった。まさに追い込まれていました。それで、「これは免許を取らなきゃ」と覚悟を決めて、チャレンジすることにしたのです。

やってみればアメリカで車の免許を取るのはとても簡単で、それからはどこにでも行けるようになり、やっと自由を手に入れたという解放感がありました。子どもも現地の幼稚園に入ることができました。

ふんわり選んでいく力

一般にビジネススキルが高い人というと、問題解決能力が高い人のことを指すと思いますが、最近、会社をやりながら思うのは、ちょっと違うかな、それだけじゃないなということです。それは、まさに子育てを通じて学んできたことでもあるのですが、仕事でも重なり合う部分が大きいと感じています。

自分を振り返ってみてもよくわかりますが、子育てというのはマニュアルも基本的にありませんし、ほとんどのことは、論理だけでは解決することも決断することもできません。子どもの成長や個性には規則性もなく、日々、毎時間、新しい発見とともに判断に迷うような「問い」が目の前に現れます。その「問い」には、「正解」を導く公式はありません。「正解」という考え方がそもそも違うのです。

その時代時代で、「こういう生き方が素晴らしい」と称賛されるタイプも移り変わっていきます。今はお金をたくさん持っていることが憧れだったり、経済的な優位性が結婚や人と人との関係にも有利に働いたりしますが、少し前の世代では、「清貧《せいひん》」

という言葉もあるように、お金のことばかり考えたり話したりしているのは「さもしい」と言われたりもしました。

「恥の文化」というのも日本人のなかには強くありましたし、悲しい歴史ですが、お国のために死に行く人が尊ばれた時代もありました。つまり、目指すべき人生や幸せな人生というのも、生きているなかで、時代とともに、どんどん変わっていく可能性が高い。価値観は移ろいやすく、子どものためと思って選んであげた道であっても、それが生涯にわたってどのように影響していくのかは、その時点ではわかりません。

会社の経営においても、その会社会社で、それぞれ状況が異なり、どうしたらどうなるというわかりやすい法則など見つけられません。薄暗がりのなかを手探りしながら、それでも遠くに見える微《かす》かな光を頼りに、「何となくこっちかな」という方向に向かって、ゆっくり歩みを進めていく感覚です。

立ち止まってもいられないし、ちょっと進んでみて手応えがあったら、もう少し行ってみる。逆に違ったなと感じたら、とりあえず元に戻って、「じゃあ、やっぱりこっちかな」と片足を踏み出してみる。そういうことをやり続けられる力のようなものが、小さい会社にかぎらず、現代には必要なのだと思います。

そしてそこに、子育てなどで培《つちか》った女性の力が活きてきます。論理で割り切れたり言い当てられたりするものというのは、じつは結構弱いと思うのです。見えるところ以外を切り捨てて、可能性を狭めてしまう場合も多くあります。

論理やデータで言い負かされそうになって、「もしかしたらそうかな？」と一瞬思ってしまうときも、自分の感覚として「ちょっと違うんじゃないかな」という違和が感じられたら、それを捨てずに心のなかに残しておく。すると、大きな流れのなかでは、その違和感が生きてくることがあります。

「不確かなんだけど、何となくこっちをやっておくといいのでは？」と、ふんわり選んでいく力をつけることが大事だなと思うのです。

第三章

女、仕事をつくる

仕事も一度は賭けてみる

今、目の前に二十代の私が現れたら、

「あなたにはこんなことがまだ見えていないよ」
「こんなふうに考えたらうまくいくよ」
「そういう言い方では伝わらないよ」

などなど、言ってあげたいことが盛りだくさんです。きっと危なっかしくて見ていられないでしょう。けれど言われた二十代の私は、たぶんピンとこないし、こなくて当然、むしろこないほうがいいのかもしれません。もう少し器用に生きてこられたらよかったと感じることもありますが、その一方で、意外とそうでもないのかな、と最近は思うのです。

仕事に子育てに、壁にぶつかり続けていた私の二十代ですが、あの「がむしゃら期」があったからこそ、今も仕事をしていられる。それはもう間違いなくそう言えます。疑問にぶつかって、それを人に話してみると、まったく共感してもらえなかったり、かといってどうにも納得できなかったり。自分なりにいろいろな壁にぶち当たってきたほうが、三十代以降に何か見えてくる気がします。

これも今の私が思うことですが、仕事というのはどんなに大変で追い詰められた状況になったとしても、「自分にできる限界」というものがあります。その「限界」は自分が感じているものとは少し違います。ですので、はじめから頭で「限界」をセットしてしまうのではなく、それを自分自身に委《ゆだ》ねてみるというのも、必要なことかなと思うのです。

たとえば、仕事が一気に押し寄せたり、やったことのない仕事が回ってきたりすると、やる前に気持ちが萎《な》えて、「できません」と言ってしまいがちです。「どうしたらできるか」よりも「できない理由」を探してしまっていることもあります。

ですが、見ていたら難しそうに思えても、一回やってみたら「なんだ、こんな単純なことだったの？」と思えたり、一回でわからなくても何回かやって慣れてしまえば全然大丈夫だったりするケースが、仕事では圧倒的に多いものです。

あるいは子育て中の女性はとくに、時間に制限があって、量をこなすことが追いつかないという場合も多くあります。私もそうでしたが、そうなると時間の使い方や、やり方そのものを効率よく変えられたり、人に頼むのがうまくなったりもします。

一番心身を弱めるのは、じつは未知の恐怖なのではないでしょうか。自分はこの仕事をできるのだろうか、できなかったらどうなるのだろうか、そういう不安が自分からパワーを奪っていきます。

そこで必要なのが、「自分を賭けてみる」という思い切りです。賭けてみるというのは、たとえ理屈に合わなくても「信じてみる」こと。今どき流行《はや》らない感じかもしれませんが、そういうチャンスは自分をとても遠くに連れていってくれます。仕事人生のなかで何度かそういった機会が、自分が探すというよりは向こうから目の前に現れることがあります。試されるとも言えるかもしれません。

人が何かに賭けてみるというときは、「私」というものが小さくなって、その代わりに、仕事自体や自分以外の大事なものが大きくなっていきます。

そういうときに不思議と、どこからか力が湧いてくるのです。いい仕事をしている人たちは、みな何度かそういう経験をしてきているのではないかと思います。それは大きな仕事である必要はなくて、与えられた小さな仕事でも同じことです。

運命の三行広告

アメリカに渡って一年がたち日本に帰ってきたのですが、今度はその落差に苦しむことになりました。アメリカでは毎日いろいろなことがあって、良くも悪くも刺激的で、そのなかで必死に英語をおぼえながら新しいコミュニティに入ってやっとなじんできたのに、もとの場所に戻ってきたら浦島太郎で、何だか毎日がつまらない。

仕事もなくて、社会とのつながりもない、結局「ユウちゃんママ」でしかない。お母さんたちはみんな、「〇〇ちゃんママ」と呼び合います。私が大瀧純子でも「純子さん」と呼ばれることはなくて、「大瀧さん」とすら呼ばれなくて、息子の名前から「ユウちゃんママ」と呼ばれるのです。

アメリカに住んでいたときは、ママでもパパでも、親しい間柄ならファーストネームで呼び合っていたし、そうでなければ「ミセス オオタキ」と呼ばれるのが普通でしたから、そういうことからしても、「日本でママをするのって、つまらないな」と感じていました。

子どもが中心というのはわかるけれど、それしかコミュニティがなくて、大人同士の話はほとんどせず、話題は子どものことばかり。私はそこではとくに自分が得意なこともないし、自分を輝かせるようなものも見つけられない。子どもを幼稚園に送り出してからは夕食の準備や掃除、洗濯をして、子どもが帰ってくればその相手をしたり、近所の同年代の子どもがいるお家に遊びに行ったり。何となく平穏に毎日は過ぎていくけれど、何だかとても窮屈な世界に感じました。

ママ仲間のなかには、子どもの洋服から自分のワンピースや鞄《かばん》までつくってしまうような、洋裁がプロ級の人もいたり、自宅で学習塾を長年続けている人や、本格的にパンづくりを学んで家で教室を開いたりしている人もいて、みんな家にいる生活を楽しんでいるように見えました。それに比べて私は……。

幸い、周囲はみないい人ばかりで恵まれていましたが、自分という存在がどこかに消えてしまって、私は誰なのかな？　何ができるのかな？　とまた自信を失いかけていました。

それで、とにかくまた何か仕事がしたいと思ったのです。時間があるときは手当たり次第に求人情報を眺めて、ため息をついたり、考え込んだりしていました。年齢制限と勤務時間の壁。大学生の就職もままならないという時期で、求人数自体もかぎら

れていました。そんななかでふと目に留まったのが、

「大卒。要英語力。在宅勤務可。」

という新聞の三行広告でした。会社名と住所・電話番号以外に情報はこれだけ。その頃は、日本に帰ってきたばかりで英語も少しは使えました。何かそれを生かせるような仕事もいいなと思っていたので、「これって私にぴったりじゃない？」と、早速電話を掛けたのでした。

六畳間での商品開発

「大丈夫なの？　それって羽毛布団とか売りつけられるんじゃないの？」

名前も聞いたことのない会社だったので、そこに面接を受けに行くと言ったときには夫に心配されたりもしました。ですが実際に行ってみると、アロマセラピーの精油

などを製造販売しているちゃんとした会社でした。

本社にいたのは一〇名ほどで、店舗スタッフ、工場のパートタイマーの方を含めて二〇人弱というところ。ラベンダーやイランイランといった花々から抽出された精油の香りがふんわりと漂っていました。

アロマセラピーだけではなく、違う方面の事業もおこなっていきたいということで、当時はアメリカでサプリメントがブームでしたから、まずはそういう情報サイトを日本に立ち上げたいと説明を受けました。

基本的にはアメリカのサイトと契約して、その日本版をつくっていきたいとのことで、「どんなサイトがあるのか調べてくれ」と言われ、おもしろそうなサイトをいくつか見つけて翻訳を始めました。

でもやりながら、「これってそんなにお金になるのかな?」という疑問がふと湧いてきたのです。

サイトを立ち上げて、そこに広告を載せてもらうとか、同じようなサイトをつくれますよと他社に売り込むとか、いくつかやり方はあるのかもしれないけれど、もともとアロマセラピー商材のメーカーなのだし、何か「製品」をつくったほうが、この会社にとってはいいのでは？　と思えてきました。

あるとき、雑談のなかで社長に、「サイトをつくるよりも、ハーブを使ったサプリメントでもつくったほうがよくないですか？」というようなことを単なる思いつきとして話しました。するとすぐに、「大瀧さんやってくれるの？」と予期せぬ答えが返ってきました。

最初、「やってくれるの？」という意味がちょっとよくわかりませんでした。「案を出しただけなので、開発はまた別の方が担当するのでは？」と普通は考えると思います。それに私は在宅のパートタイマー。そんな大事な業務を担当する立場にはありません。ところが社長は、「サプリメントのことを知ってる人なんて誰もいないよ。大瀧さんがやるならやって」と言ったのでした。

この急な展開にはもちろん驚きましたが、私も、ただ翻訳しているだけではなくて何か物をつくるほうがおもしろそう、と単純に思って、深くは考えずに「じゃあやってみます」とその場で引き受けてしまいました。普通だったら、そんなことできるのかしら？　と不安にも思うはずですが、そのときは何も知らない強さと大胆さがありました。

子どもはもう幼稚園に入っていましたが、保育園と違って幼稚園は、働くお母さんにとってはなかなか苛酷《かこく》です。朝の九時ぐらいにバス停まで送りに行って、そのあとちょっと仕事をしたり家事を片付けたりしていると、あっという間に帰ってきてしまいます。一時半にはもうバス停までお迎えに行かねばならないので、在宅というスタイルは変えたくありませんでした。

週に一度は出社して報告するという約束で、自宅の六畳の和室に机とパソコンを置き、ひとりきりの商品開発が始まりました。本や資料を広げて調べものをするのはダイニングテーブルです。

うちの息子は家で暴れたり駄々をこねたりするタイプではなかったので助かったところもあったのですが、逆にひとりでは外に行きたがらず、できるだけ一緒に外出するようにしていました。そのまま家にいたとしても、子どもはいつでも親の気を引きたいもので、「そっちじゃなくて僕を見て、僕と話をして」というのが一日中です。もちろん、これが普通のことで、「ママ大好き！　だからいつでも僕と一緒だよ」というまだまだかわいい時期でした。

ただ、仕事をしながら子どもの相手をするのは至難《しなん》の業《わざ》。まだ日本にはハーブやサプリメントに関する信頼性の高い情報が少ない時期でしたから、英語の文献を読んだりすることも多く、スラスラと読めるレベルにない私は、「とにかく集中したい、じゃましないでくれー」と思ったこともありました。

大事な資料が醤油やらジャムやらのシミで家庭的なものになっていったり、息子がパソコンをやたらいじりたがったりと、毎日がドタバタな感じでしたが、今となればとても懐かしい思い出です。

細い糸をたどって

サプリメントに関してはまったくの素人で、開発はおろか、飲んだことさえありませんでした。とにかくインターネットの情報だけが手がかり。「サプリメントとは何か？」ということを正確につかむまででも、一カ月以上かかりました。

はじめは、アメリカで売っているものをそのまま日本で売ってもいいのだと思っていたのですが、日本には「薬事法」というものがあって、その法律にかなうもの以外は販売できないということがわかりました。サプリメント（食品）の原材料として使えるものと医薬品としてしか使えない原材料の二種類に大きく分かれており、医薬品原材料のほうにうっかり手を出してしまうと法を犯すことになる、ということも途中で知りました。

この業界では常識中の常識だったのですが、そういう情報がどこに載っているのかもわかりません。教えてくれる人も経験もゼロでしたので、「あたり」もつけられず、「これを知らないままにつくったら大変だった！」という危なっかしい状況でした。

大きい企業であれば、人員も多く、お金もあります。専門知識を持つ人がいれば、さらにスムーズに進めていけたと思います。サプリメント先進国のアメリカやハーブ療法の盛んなドイツで開催される展示会などには、多くの日本企業が視察に訪れていました。

けれども私はひとりでやっていて、もちろん海外の展示会に行かせてもらうようなこともなく、社内で相談できる人すらいません。それでも何とか糸口を見つけようと、ハーブの原材料を販売している会社に電話を掛けまくり、「とにかく何もわからない素人なので……」と電話口で質問攻めにしたりしていました。

こちらが謙虚な姿勢でのぞめば、たいていの人はいろいろと親切に教えてくれました。それに勇気を得て、多少の厚かましさを我ながら感じつつ、溜まっている疑問を会う人会う人にどんどんぶつけていきました。一回では答えがわからないときには違う人にも聞いてみて、「合わせて考えるとこういうことかな」とだんだんわかってきたこともあります。ジグソーパズルのピースを埋めていく感じです。

さらには根本的な問題として、「サプリメントって本当に効くのかな?」と疑問を感じて、自分で海外のサイトから購入して試したりもしました。アメリカだけでなく、ハーブ先進国と言われたドイツの製品も試しました。サイトがドイツ語の表記しかなくて、かなり当てずっぽうで買ったりもしていましたが、何とか無事届きました。

日々アメリカの情報サイトやネットショップを眺めていくと、いくつかのキーワードが目につくようになりました。たとえば、目の健康を守る→ビルベリー（ブルーベリーの一種）→アントシアニン（ビルベリーに含まれる代表的な成分）→抗酸化物質、といった感じです。おのおのの用語について詳しく調べた後、それらの関連性がわかると、次は、「アントシアニンって本当に目にいいのかな?　どうしていいのかな?」

ということを調べていきます。日本語のサイトだけでは信頼性の高い情報が少なかったので、英語でキーワードを入れて検索していくと、たまたま、研究論文を集めているサイトにたどり着きました。

全文のコピーを買う予算はありませんでしたが、概要は載っていたので、そこだけはかなりたくさんの数を読みました。英語なので時間がかかるし、間違って理解したところもあったと思いますが、それでも徐々に情報がつかめるようになってきました。

あとはアメリカから本を輸入して読んでみたり、ハーブやサプリメント関連の講演会に出かけたりと、ある意味ブラブラしていて、「形が見えてこない時期」が二、三カ月ありました。

本当に商品にできるのかなと不安も感じていましたが、ちょっと我慢して放っておきました。無理やり集約しようと思っても結局何かのマネをするしかないし、何だかそのうちに見えてくるという予感はあったのです。あっちこっちと点を増やしていくうちに、バラバラだったものが徐々につながって線となり、やがてはひとつの絵を浮かび上がらせてくれる、そんな予感です。

会社としても、それほど早くつくりたいという感じでもなく、家でマイペースにやっている私にほぼ丸投げで任せてくれたのが、私には合っていたと思います。

そうは言っても、いよいよ形にしなくてはという段階になって、今度は、どこの工場でどうやってつくってもらえばいいかもわからないという、またしても基本的な問題に直面します。まず見積もりを取るということも知らなかったほど、開発の手順というものがまるっきりわかっていませんでした。それでまた、会う人ごとに「すいません、開発って最初に何をしたらいいんですか？」と質問していました。聞かれたほうも「そんなことも知らない人がやっているのか」と驚いたにちがいありません。

そんななか、何かヒントはないかとたまたま訪れたサプリ関係の展示会で、雑誌社のブースに置かれたバックナンバーのなかに「受託加工メーカー一覧」という特集がある号を発見して、頭にピカッと電気がつきました。「これがほしかったんだ！」と。

それにはサプリメントの製造を請け負っている会社がアイウエオ順に二〇〇社ほど載っていて、急いで家に帰ると、すぐに電話を掛けまくりました。「こういうことがしたいんですけど、可能ですか？」と、まずは大まかなところから聞いてみて、徐々に細かい条件を説明し、対応が可能な一〇社ほどに絞っていきました。各社で見積もりを取って、試作をお願いして、などを繰り返し、やっとのことで工場が決まり、なんとか製造まで漕《こ》ぎつけたのでした。

いくつもの偶然に助けられましたが、単なる偶然だけとも言えず、「これが知りたい」とずっと思っていると、不思議と出会えるということはあるように思います。

そんないくつかの細い糸がつながって、あの社長との雑談から九カ月、やっと、六種類のアイテムを含むハーブサプリメントシリーズが完成しました。

選択問題の選択肢を疑う

私は幼い頃から、いわゆる「いい子」と呼ばれる素直で勉強熱心な子どもでした。大人の言うことを聞いておけば間違いないという感じで、とくに親の言うことには逆らわずにきたほうだと思います。それが自分のなかで壊れていったのは中学二年生、まさに思春期の頃でした。

当時はあの国民的テレビドラマ「金八先生」の時代。校内暴力なども問題になっていた時代でした。やんちゃな（不良と呼ばれる）生徒たちvs教師たち、といった荒れたり。

面倒な生徒たちを教室から閉め出したり、保護者たちには事実と違う伝え方をした雰囲気のなかで、先生たちの裏側や大人たちのずるさが見えてきてしまったのでした。

思春期にはよくあることかもしれませんが、それまで信じてきた反動で、何もかも信じられない、鵜呑《うの》みにはできないと思うようになりました。

とくに断定的な物言いをされると、「それってホントなのかな？」「そんなこと意味があるの？」「どうせ大人の都合でしょ？」などと、物事をいわゆる「斜《はす》に見る」ようになり、その思考方法はいつの間にか習慣になりました。

テレビを見ても、教科書を読んでも、いろいろな情報がとても不確かに感じられて、嘘ばかりに思えてきました。そこで初めて、「私」はどう考えるのか、という問いが芽生えてきたのでした。

それから二十年近くたって、ひとりでサプリメントの開発をしていくというときに、意外とこの思考方法が役立ったように思います。

まず、仕事に取り組むときには「全部をいったん自分で考え直さないと気がすまない」という感じがあります。そしていったん仕事を受けたら、「その仕事は、その商品は本当に必要なのか」という、そもそものところから始めてみます。

たとえば、「ハーブを使った新商品を開発してください」という業務を与えられたら、どんな商品にしようかと考える前に、「そもそも新商品は必要なのかな?」「必要なのは何か新しいサービスでは?」などと考える。逆に、もっと従順に、言われたとおり言われたことだけをするというのは難しい。自然と、そんなふうに考えてしまいます。

受験勉強を経てくるとどうしても「目の前に出された選択肢からしか選べない」という習性が身についてしまいます。

「ABCDのなかから選びなさい」と言われたら「ABCDしかない」と思わされてしまう。けれども、Eだってありうるし、①②③だってあっていい。このなかにないものはないか、あるいはこの質問自体が間違っているのではないか、など実際にはいろいろな可能性があるはずです。

質問が間違っていたら、いくら考え続けたところで正しい答えなんて見つかりません。

誰かから与えられた選択肢だけでなく、一回ちょっと引いてみて、自分でも新しい選択肢を考え、質問からつくり直してみる。そうすると、仕事のやり方がガラッと変わったり、思わぬアイデアが浮かんだりします。

そして、仕事においてだけではなく私たちの日常そのものも、選択肢がすでに与えられているなかだけで物事を決めていると、楽はできても、面白いことはあまり起きないのではないかなと思うのです。

お給料ではない価値

若い人と仕事の話をしていると、お給料の話になることが多い気がします。今年は昇給があるかないか、いくら上がるのか、自分のがんばりに見合った額なのか、誰より多いとか少ないとか。それはもちろん、一万円でも二万円でも多いほうがいいですし、私も二十代の頃には、昇給の時期になると一喜一憂していました。でも、実際にはもっと大事なことがあるように思います。

私が出産、子育て期間のブランクを経て、いざ元の職場に戻ろうと思ったとき、あるいは別の会社に再就職しようと思ったとき、前の会社での評価や給与の額や資格などは、まったく意味がありませんでした。

再就職後にいくらもらえるかの前に、就職できない壁にぶつかりました。私のようなケースにかぎらず、自身の病気や親の介護などでいったん会社を辞めざるを得ない、あるいは会社が潰れてしまったり、リストラに遭ったりなど、さまざまな事情で転職せざるを得ないという人は少なくありません。社会状況としても、一生、同じ会社で勤め上げるという人はますます減っていくものと思われます。将来にわたって長いスパンで仕事や収入を考えていくと、今の給与の額にばかりこだわってはいられません。

たとえば「自分ははたして独立してフリーになるとしても食べていけるのか？」「ブランクがあっても再就職できるようなアピールできる能力があるのか？」と考えてみると、どうやって実力をつけるのか、ということのほうがずっと重要になります。

その会社にいるからこそできる経験、自分を試せる時間、お金を払ってでも身につけたいようなスキルも、会社や仕事からたくさんもらっています。それが自分に何を与えてくれているのか、何を意味しているのかというところを見ないで、今いくらもらえるか、というところにばかり気持ちが行くのは、もったいないことだと思います。

二十代の私は、「そのときにもらう金額」と「単なる労働、あるいは苦役としての仕事に捧《ささ》げる時間や労力」をトレードしているような考え方があったように思います。お給料をもっとたくさんくれるんだったら、もっとがんばります、もっと働きます、というような考えに何の疑問も感じませんでした。

そんなふうに、「これだけもらえればできるけど、これしかもらってないからできない」という考えの人は少なくないと思います。ですが仕事を続けてきてみると、それは順番が反対で、仕事の成果や自身の成長が先で、評価や給与は後から付いてくるものだということがわかってきました。ときにはその間が二年、三年ということも珍しくありません。

うちの会社でも以前、同じようなことがありました。もう辞めてしまったスタッフの話ですが、彼女をリーダーとして育てていこうと考えて、みんなのまとめ役のような仕事をしてもらおうとしました。すると彼女は、「役職をつけてくれないとそういう仕事はできない」と不満そうに言いました。でもそのとき私は、それは逆じゃないかと思いました。「リーダーのようにみんなをまとめていくような仕事ができて、みんながリーダーと認めれば、そのときにあなたはリーダーになるのではないの？」と。

それに、会社での仕事というのは、一人でやっていることはまずありません。チームのメンバーやアシスタントだけではなくて、自分が使うトイレを掃除してくれている人、コピー用紙を手配してくれる人、自分の見えないところで仕事をしている人たちが大勢いて、それに支えられているから、自分は自分の仕事ができる。そういうことが想像できずに「自分はこんなにやっているのに」という感じで視野が狭くなっていると、常に不満も溜まるし、じつはすごく弱い気がするのです。

「ひとりになったら何もできないな」ということがわかっているかどうかの差は、大きいと思います。それは必ずしも、「社会は厳しいよ」という意味ではなくて、そういうことが見えてくると、仕事がもっと楽しくなるのです。やらされているとか、逆に自分がすべてやっているとか、そういう思い込みを外すと、自分と仕事がひとつになり、自分は仕事の一部なんだ、みんなでつくっているんだ、という実感が湧いてきます。

比較ばかりしていると、幸せは感じにくいものです。もしお給料の額で幸せを測っている人がいたら、「あの人より私のほうがもらっている。幸せ」と一瞬感じるかもしれませんが、すぐにもっと上の人との比較が始まって、心が休まりません。

そして何より、お給料にばかりこだわりすぎると、結果的に自分を安売りすることになります。わずかなお金と、その人自身の大切な何かが引き換えになっているように感じるのです。そんな人には、「あなたはもっと価値があるのに、そんなにすぐにお金と交換しなくてもいいよ」と声をかけたくなります。

父・五作の教え

「自分を賭ける」ような仕事をするときに、与えられた選択肢を疑う、お給料や条件だけではない価値に気づく、ということに加えて大切なのは、「やるなら楽しむ」ということだと思います。私はそれを、父・五作から教わりました。

父は今、八十歳を過ぎていますが、自営業でまだ現役で働いています。酒もたばこも飲まず、好きな食べ物はソバと鰻《うなぎ》くらいで、とくに贅沢をするでもありません。都内の小さな商店街で、もう五十年以上金物屋をやっていて、それに加えて鍵を直したり、ガスボンベの配達をしたり、ときには重たい灯油缶を二つ持って、階段しかない団地の四階まで運んでいったりもするようです。

かと思うと、不動産の売買もすれば、美術品のオークションにも出かけたりしています。車も運転するし、体力もあるし、私が物心ついてからほとんど体型も変わっておらず、浅黒い肌をして、まったくおじいさんという感じがしません。趣味と仕事の明確な線引きはなく、そうやって働いていることが「生きていること」とほぼイコールの大きさを持っていて、父のエネルギー源となっています。

そういう姿をずっと身近で感じてきたので、仕事が与えてくれる人生の可能性や広がりというイメージは、自然と自分のなかに入っているように思います。

幼い頃、父が仕事から帰ってくると、私はまるで小猿のように腕にぶら下がったりおんぶしてもらったり、食事のあとも膝の上から離れようとしませんでした。本当に子煩悩《こぼんのう》な父で、手をあげられたことも怒鳴られたこともなかったのですが、テレビでいつものニュース番組が始まると、急に真面目な顔になって「シッ、黙って」と言って、終わるまでは相手をしてくれません。子どもの私としては退屈な時間だったのですが、その真剣な眼差《まなざ》しに声を出せませんでした。

父が本を読んでいる姿などは一度も見たことがありません。かといって、家でゴロゴロしていた記憶もありません。正月も二日ぐらいのんびりしていると、「休みは疲れるな」と言い出して、「今日から店開けるわ」と出かけてしまう人でした。

ほとんど義務教育しか受けていなくて、「五作」という名前から想像できるように大勢の兄弟がいるなかで早くに働きに出されて、そこから自分で一生懸命働いてきた人です。

生きることに誠実というか忠実というか、いわゆる常識というものにあまり縛られていない、けれども非常識というのとはちょっと違って、何だか自由な感じがします。まあ自由すぎて、周囲の人は大変なこともあったと思いますが……。

商売は飽きない、だから「商《あきな》い」というんだと、よく話していました。

そんな父の口癖が「イヤならやめろ」でした。

思い出すのは実家にいた頃のこと。学校の家庭科や家庭的なこと全般が苦手だった私は、一回もお米を研《と》いだこともなく、洗い物もしたことのないまま早々にお嫁に行きました。母親はもちろん、女の子だからとやらせようとしたのですが、父は、「やりたくないならやらなくていい」と言いました。その裏返しは、「やるんだったら自分が心からやりたいと思って一生懸命やれよ」ということだったと思います。

若い頃は、好きなことや楽しめることを選んで、それをやっていくという意味合いに捉えていましたが、本当の意味は、与えられたものであっても、自分がどこまでそれを楽しめるか、そこに自分を入れ込めるかということ。それがどうしても我慢できなくて、いやいや続けているだけなら、やめたほうがいい。でもまずはその努力をすることかなと思うのです。

ひとり自宅でゼロからサプリメントの開発をしたとき、この「仕事を楽しむ」というこことが私のなかで花開いた気がします。どの英語のサイトを翻訳するか、という与えられた仕事のなかで終わるのではなくて、結果的には仕事自体を選択肢として選び直し、最後には商品をつくりあげることができた。その醍醐味を味わって、それ以降の仕事は、この経験をベースとして積み重ねられていきました。

第四章

女、クビになる

四カ月目のクビ宣告

「じゃあ大瀧さんは八月いっぱいで退職してください。大瀧さんは人と一緒には働けない人だから」

じつは、今社長をしている会社をクビになったことがあります。

まさかの宣告を受けたのは、二〇〇三年の夏のことでした。このとき、入社からわずか三ヵ月あまり。八月もあと一週間で終わりというところでした。

時を少しさかのぼりますが、二〇〇一年、サプリメントの開発をなんとか成し遂げた私は、その会社の社長から「今後は人事の仕事をしてほしい」と頼まれました。けれどもそれまで在宅で働いていたため、本社や店舗のスタッフたちとの交流も少なく、彼女たちをまとめたり評価をしたりしていくのはちょっと難しそうだなと思いました。

少しはチャレンジもしてみたのですが、いろいろ悩んだ末に転職しようと決めました。子どもも小学生になっていましたし、在宅ではなく働きに出てみようと思いました。商品開発をした経験を生かせるような職種に就ければいいな、と何となく思いながら探していたところ、「ハーブ製品の開発&バイヤー（仕入担当）募集」の広告を見つけて、運良く就職することができました。いよいよ本格的な社会復帰です。

週四日、残業なし、という好条件で契約してもらえたのですが、実際に働いてみるとかなりハードな仕事で、ミーティングが始まると会議室から出られず、家に着くのが十時を過ぎてしまうことがたびたびありました。これでは結局子どもを犠牲にしてしまうし、自分の体力もギリギリという感じになって、三カ月の試用期間を終えて退職することにしたのでした。

その短い在職期間のなかで、商品を売り込みに来た業者さんとして出会ったのが、今でも仕事のパートナーであり、私にクビを宣告した人でもある若松英輔さんです。彼は以前、大企業の企業内ベンチャーの社長をしていて、製品開発の責任者でもありました。そしてその会社が発売していたのが、日本のメーカー初のハーブサプリメントシリーズでした。

それまで国内では、単品で開発されたものか単なる輸入品のみで、シリーズで何種類もそろった本格的な商品というのはありませんでした。結果として、私が独学で開発したシリーズは日本で二番目となって、お互いに、どんな人がつくったのか会って話をしてみたい、と思っていたのがそもそもの縁でした。

互いの製品の話でひとしきり盛りあがり、その後も、ハーブや商品づくりについていろいろと教えてもらう機会がありました。

「子どものことを考えると続けていくのは難しいと思うんです」という話をあるとき彼にしました。私としては、愚痴を聞いてもらったような気持ちでいて、だからといって何か協力してほしいなどとはまったく期待していませんでした。ところが彼は、

「最近、ちょうど自分の会社を立ち上げたので、よかったら一緒に働きませんか？」

と誘ってくれたのです。

そんなふうに簡単に転職を決めていいものか迷いもありましたが、次の就職先が決まっていたわけでもなかったので、その申し出を受けて、今の会社の創業期から参加することになったのでした。

若松さんは二〇〇二年に会社を立ち上げていましたが、その頃はまだとくに決まった業務もなく、取引先もほぼゼロからのスタートでした。オフィスは、ラーメン屋さんのテナントが一階に入った古いビルの三階。朝はいつも、仕込みの豚骨の臭いが部

屋まで立ち上ってきました。

私ともう一人、二十代の女性が社員でいましたが、何もやることもないので、「とりあえず翻訳の仕事をしてください」と言われました。アメリカで売れていたハーブ関連の本を日本で出版する予定だからと。

狭いワンルームに机が三つ。初めは電話機さえもなく、若松さんは毎日どこかに外出していて、訪ねてくる人もいません。二人が競い合うようにキーボードを打つ音だけがカタカタと響いて、妙に緊張するような独特な雰囲気がありました。私は翻訳に興味があったわけでもなく、「全然向いてないなあ」と思いながらも、今はこれしか仕事がないから仕方ない、という気持ちでやっていました。

子どもの学校が夏休みに入るという時期が近づいてきましたが、息子は学童保育に行きたがりませんでした。ひとりでずっと家においておくのも心配だったので、「翻訳だったら家でもできるし、そのほうが効率よくできると思う。週のうち半分は、家でやらせてもらえませんか?」という相談をしました。その話をする前にも何度か、商品開発の経験を買って誘ってもらったのに、その経験が生かせない仕事ばかりで、ちょっと私はどうなのかしら……などと別の相談もしていたのですが、「ふーん。考えておきますよ」と、いつもはぐらかされている感じでした。

いよいよ夏休みになって、「どうにかしてください」と決断を迫ったら……冒頭のクビ宣告に遭ったのでした。

たぶん、彼としてはどうしたらいいのかわからない「難問」をふっかけられて、いっぱいいっぱいになってしまったのでしょう（本人談により、確認済み）。そういうとき男性は、切れることが多い気がします。自分が解決不可能と思うような問題を振られると、どうしようと相談するよりも、「うるさいこと言うな！」とはねのけてしまう。

その当時の若松さんの意識はまだ、大企業の子会社の社長でした。「家で半分やって会社にも来て」などというフレキシブルな働き方なんてありえない。彼のイメージとしての「ちゃんとした会社のかたち」というものがあって、私が一方的にわがままを言っている、会社というのは個人の都合を聞いてやれるところじゃないんだ、という感じになってしまいました。

私としては、子どもとできるだけ一緒にいてやりたい、でも仕事は疎《おろそ》かにしません。むしろ効率をあげていきますから、考えてみてください、というお願いをしたつもりでした。社員はたった二人、就労規則も何もない。それなのに考えてみてもくれないというのは頭が固すぎる。

それまでの関係はけっして悪くなく、「大瀧さんには本当に感謝してる」「何でも相談して」としばしば口にしてくれていたので、私としてはその態度の急変ぶりに、「何でクビ?」と頭のなかが「!?」でいっぱいになって、言葉も出ないほどのショックを受けました。

そのあとも一方的にまくし立てられ、こちらの言い分や想いをうまく伝えることもできず納得がいかないままでしたが、私自身、この人と働くのはもう無理だと諦めて、素直に辞めることにしたのです。それも、その週いっぱいでクビというのですから、まったくの労働基準法違反でしたが、こちらも意地になっていて、最終日まできっちり働きました。

「仕事を動かす」ために必要なこと

　もう十二年も前の話です。今は、お互いに言いたいことを言っても大丈夫な間柄になりました。思い返せば、私にも未熟さがあって、相手に対する配慮が足りなかったと思います。今だったら同じことを考えていたとしても、もうちょっと違う言い方ができたなと。でも、そのときの私としてはまっすぐぶつかっていくしかなくて、それが自分の精一杯でした。

　子育ても仕事もがんばらなきゃ、というプレッシャーを自分自身にかけていたと思います。

　もう少し柔軟性が高かったり、人とのコミュニケーションがもともと上手にできるタイプだったなら、もっと早く気がついていたのかもしれません。私はプライベートでも、あまり新しい人と話したりすることを好まず、大勢でワイワイするのも苦手なほうです。

　仕事でも、コミュニケーションをとるのはどちらかといえば面倒くさいし、うまく立ち回ったりすることが何となく「ずるがしこい」ようにも思えていました。「本当はこういう気持ちなんだけど、こう言ったほうが相手にとっていいだろうな」とか、「今言うと不愉快な気持ちになるだろうから、別の機会にしよう」とか、そういうのが小ざかしい感じがして嫌だったのです。

「まっすぐぶつかっていく私が好き」「当たって砕けろ、みたいなほうが潔《いさぎよ》い」という感じがあって、それで良しとしていたところがありました。

人は、自分が上手にできないことを「価値がない。意味がない」と考えて自分を正当化しがちですが、それだとやはりうまくいかないことが多いものです。

クビで懲《こ》りたというのもありますが、復帰してから真剣に仕事に向き合っていくなかで、「なんとか結果を出したい」という気持ちが強くなっていくと、反対に、やり方に対するこだわりがだんだんと薄れていきました。正面突破だと自分も傷つくし疲れるし、結局、望んでいることが実現されないということに、あるとき気がついたのです。

たとえ一瞬うまくいったように思えても、お互いに嫌な感情が残っていたり、本当は相手が心のなかでは納得していなかったりすると、物事が前に進みません。私は何のためにこんなにエネルギーを消耗したり、相手にも不快な思いをさせたりしているのかわからないと思いました。

大事なのは、その仕事が進んで良い結果に結びつくということで、「私はこういう人間なんだ」というところを出していくことではありません。結果が出ることのほうが自分にとって意味が大きいし、幸せだし、もちろんみんなにとっても良いことなのだと、何となく理解できるようになっていきました。

そこに本当に気がつくまでには何年もかかりましたが、そんなことを経験していくうちに、「仕事を動かす」ために自分はどうあるべきなのか、おぼろげながら見えてきたのでした。

蜃気楼のような会社

辞めたあとも、若松さんからは「仕事どうするの?」「手伝えることとある?」などと何回かメールや電話をもらっていました。悪いことしたな、とは感じてくれていたのだと思います。

でも、そのときはもうまったく信じていないので、「大人の対応」という感じで接していました。

あるとき、まだ秋の入り口という季節だったと思いますが、息子と一緒に、あるイベントに招待してくれました。そのときに若松さんが、「もっと早くこの子に会っておけばよかったなあ」とひと言つぶやいたのを思い出します。

実物の「子ども」という存在、小学校三年生の息子はまだ背も小さくて顔もあどけなくて、「夏休みにひとりぼっちで一日中、家で留守番させなきゃならない母親の気持ち」が、実際に会って初めてわかったと言っていました。想像力の欠如だなあとそのときは思いましたが、普段から子どもと接する機会がない人にとっては、そういうものなのかもしれません。

一方の息子は、母親をクビにした社長さんに会うということで緊張していたのでしょう。イベントの途中、急にトイレで吐いてしまい、そんなことは初めてだったので驚きました。でも徐々に打ち解けて、若松さんとも話をするようになりました。

そのような出来事があってからしばらくして、「戻ってこない？」とメールをもらいました。もちろんすごく迷ったのですが、働くところもまだ決まっていなかったし、とりあえずいられるだけいて、嫌なことがあったら辞めちゃおう、という中途半端な気持ちで会社に戻ることにしました。その頃はもう翻訳業務は終了して、ちょっとずつ商品を輸入して販売したり、オリジナル商品の開発も始めようかなというタイミングでした。

普通、会社に入れば、電話機やFAXや大型のコピー機など業務に必要なものは、すでにそろっているのが当たり前です。ところが起業した場合は、業績や会社の歴史、つまり信用がないので、コピー機さえリースできないところから始まります。

同様に、すでにできあがっている会社に入れば、「あなたはPR担当だから今日は雑誌社めぐりね」「月末はこの資料をつくっておいてね」などなど、やるべき仕事はいくらでもあると思います。ですが、何もないところから始めた会社では、理想や目標というものはあっても、具体的に何をしたらいいのかは自分たちで考えていかねばなりません。一見、何となく仕事があるように見えても、それは点と点にすぎず、どこかにたどり着きそうな流れのある仕事ではなくて、あくまでも「今日の仕事」。その日暮らしに近い感覚です。

自分たちで仕事をつくって、そこからたとえ小さくても、ある成果を出していかないと、もう会社の存在自体が危うくなる。蜃気楼《しんきろう》のように揺らめいている状態。本当にゼロから始めた会社は、みな似たようなところがあるのではないかと思います。事実、起業して三年以内に、七割近くの会社は倒産か廃業をしてしまうとも聞きます。

私が起業したわけではない分、けっこう冷静に、会社の状況や社長の考え方や行動を眺めていたところもありました。一度はクビにもされたし、潰れそうになったら辞めてやろうと思っていましたが、自分が何をするかしないかで会社の命運も大きく左右される、ということはわかりました。

「会社があるから仕事がある」のではなくて、「自分が仕事をすれば会社はある」という逆転の発想をせざるを得なかったことは、自分にとってはかえって良かったような気がします。

すでに立派な器のある会社でずっと働いていると、下手をすると、結局自分はスカスカ、ということにもなりかねません。私も以前に勤めた会社では、取引先の方からチヤホヤされるという経験もしました。けれども、少し引いて現実を見つめれば、その会社に所属しているから、「○○の大瀧さん」だからみんな相手をしてくれて仕事もあるけれど、そこを辞めたら何もない。素の自分に何ができるかを知るには、何にもないところから始めてみる必要があるのかもしれません。

社長の文章をこっそり直す

起業するような人というのは、良くも悪くも、ちょっと独特のクセというか個性があるようです。起業するまでの思い切りのよさや大胆さ、野心や高い志、面白いアイデア、それによって人を惹きつける力などがある一方で、いざ具体的にことを進めようとなると、意外と実務的能力が低い場合がある。これはいろいろな方と出会っての感想ですが、若松さんはまさにその典型でした。

今では本人にも遠慮なく言っているのですが、たとえば起業当時、ビジネスレターを書いてもらうと、「このままでは取引先に出せない」というものが出てきました。それまでは大きい会社に所属して、部下に書かせたりしていたのだと思います。

かといって「これじゃあダメですよ。書き直してもらえますか?」などと言ったら、またクビの二の舞になると私も学んでいました。その頃の彼は、ものすごくプライドが高くて、そういう指摘やアドバイスを素直に受け入れるような人ではありませんでした。それは、「社長なのだから自分を強く見せなきゃいけない」というハッタリみたいなものだったのだと、あとになってから知るのですが……。

それに、あまり責めすぎてこの人のやる気がなくなったら、この会社は終わってしまうかも、とも思いました。ですから、何とかプライドとやる気を保たせたまま、でも実務的にはちゃんとやっていかなくてはいけない、というのがだんだんわかってきたのです。

思案の末、文書類は本人には何も言わずに、とにかくしっかり直すことにしました。「わかりました。出しておきますね」と言いながら、こっそり修正しておく。あるいは私のほうで先につくっておいて、「これどうですか?」と見せたりしました。

案外この役目が嫌でなかったのは、基本的にすべて自分で考えて仕事をやりたくて、言われた仕事より、言われない仕事をやるのが好きだったからだと思います。

その後、いろいろな商品を輸入するようになりましたが、わが社には自営の店舗どころかショッピングサイトさえもなく、社長は、どうやって売っていくのかという手立ても真剣には考えていないようでした。今考えると怖い話です。

ほとんどの商品は、当時の健康ブームに乗って取引先も見つかり、何とか売りさばくことはできたのですが、しょせんは一時的な幸運でしかなく、継続的に会社を支えていくような仕組みはまったく存在していませんでした。今月は売上があったけれど、来月はゼロかもしれない、というほどの不安定さです。

これでは放っておいたら会社が潰れてしまうと思い、「どうやら楽天などで売るといいらしいのでやってみます」となかば強引に申し込みをして、ひとりで説明会にも出かけ、まずは自分の力だけでショッピングサイトを立ちあげてみることにしました。素人がつくったのでデザインのレベルなどは低いものでしたが、とりあえず必要なものをひと通りそろえようと思ったのです。

「また嫌なことをされたら、今度はこっちから辞めてやる」といつも心の奥底では思いながら、やれるところまでやってみようと、「こういうのも要りますよね?」「これもやっておきましょうか?」と次々に提案すると同時につくり始めていきました。

お金はかけられないので、まずは本屋さんで立ち読みしたデザイン集を参考にして、会社案内や名刺、チラシやパンフレットも制作してみました。何となく形になると、「こういうの、どうかな?」と社長やもう一人のスタッフに見せました。「すごい！　そんなのできるの？」と驚かれて、なんだか気持ちいい、楽しいと思うようになっていきました。だんだんデザインにも欲が出て、自分でもデザイン系のソフトが使えたほうがいいと思い、講座を見つけてしばらく通ったりもしました。

ダメ上司の取り扱いスキル

今さら若松さんを吊《つ》るし上げたいわけではけっしてないのですが、ダメ上司に悩むみなさんのために、当時のエピソードをもうひとつだけ。

前にも少し書きましたが、当時の若松さんはまだ、資本力のある大企業傘下の子会社の社長としてのイメージが抜けていませんでした。たくさんお金を使えば必ずリターンがあると信じていて、広告に何百万円ものお金をかけるのは当たり前と思っていたようです。いろいろと寄せ集めても、売上がまだ月に一〇〇万円、二〇〇万円という、そんな時期にです。

ネットショップのコンサルタントが訪ねてきたときも、「いくら払ったら、三カ月後に月一〇〇万円売れるようになるの？　早くそれを教えてよ！」といきなり切り出すので、私は横にいてとても恥ずかしくて、「そういうことじゃないでしょ……そんなことで売れたら誰だって売れるようになるじゃないですか」と内心思っていました。

コンサルタントの人はすごく困っている反面、お金を出すと言っているし、いいお客になりそうなので、いろいろと広告を勧めてきました。

世の中に知られていないブランドの商品は、少しくらいお金を払って広告を出したところで、まったく売れません。たとえ何百万円もかけて一時的に売れることがあっても、それっきりです。こういうことは本当に地道な努力しかない。当時はまだ有効だったメルマガをマメに出したり、クチコミやレビュー（商品を使った感想）を増やしていったり、知り合いや知り合いの知り合いに商品を送って使ってもらったり。できることをコツコツやるしかありません。

もし私がクビにされた後でなかったら、「そんなのうまくいくはずないじゃないですか、お金をドブに捨てるつもりですか？」とズバッと言っていたかもしれません。ですが、トラウマはしっかり残り、正面からは言わない習慣が身についていました。

言わないけれど自分でよく考えて、その後でこっそりコンサルタントの人に相談したり、本やネットで調べてみたりはしていました。

そこで議論を始めると、議論の勝ち負けでことが決まってしまい、本当に正しいかどうかは二の次になってしまいます。

論理的に考えれば、社長だって間違っているものは間違っている。入りたてのバイトの子だって正しいことを言っていれば正しい。けれどなかなか社会はそのようにはなっていなくて、上に立つ人にはそのプライドもあり、自分が間違っていたということをすぐには認められないものです。

そこで私は、文書類をこっそり直したときと同様に、「それは違う」と思う意見を言われても、そのときは「なるほど、そういう考え方もありますね」と聞いておいて、見えないところでは違うことを準備しておいたり、「それもいいと思うのですが、こういうやり方もありますよね」と控えめに提案するなどして、機嫌を損ねず、かつこちらの考えが通るような伝え方を考えました。

いつ、何を、どんなふうに伝えるか、それによって仕事の進み方や実現の可能性までもが大きく違ってくる。そういうことも徐々に学んでいきました。

そんなことが仕事のスキル？　上司の性格まで考えて仕事するなんてできませんよ、と思う人もいるかもしれませんが、いえいえ、仕事を進めていくうえで、これはかなり大事なスキルのひとつなのです。

ここを磨いていかないと、いくら自分個人の能力を磨きあげても、思いもよらないところでつまずくかもしれません。経験者が語っていますから、信憑性《しんぴょうせい》はかなり高いと思います。

社長、口座に八三〇円しかありません

そんななか、会社の初期、とくに最初の二、三年は売上も安定せず、うまくいかない時期が続きました。一緒に働いていたもう一人のスタッフがあるとき、「電気代が払えないんですけど」と言ったのをよく憶《おぼ》えています。会社の口座に三桁のお金しか入っていなかったのです。若松さんがくしゃくしゃの千円札をポケットから出して、「これで払っといて」と手渡しました。何気ないやりとりでしたが、じつは大ピンチ

でした。

そういう苦労や大変さがあって、ちょっとずつ若松さんも変わっていきました。大変なときもスタッフが支えてくれているということが、リアルに感じられるようになってきたのかもしれません。

今でも感謝しているのは、そんな、商品も売れない、たいしてお金もないというなかで、頻繁に海外に連れていってもらったことです。「商品を売るあてはないけれど、いいものを観ておくと、きっとあとで役に立つよ」と言って、アメリカやヨーロッパで開催されるオーガニック製品の展示会などに何度も行かせてもらいました。

「本物をたくさん観ておいたほうがいい」ということで、もう一人のスタッフと三人で美術館や歴史的建造物などを観に、ニューヨーク、パリ、ドイツ、スイス、韓国と、さまざまなところを旅しました。

初めてアメリカ西海岸での展示会に連れて行ってもらったのは、息子がまだ小学三年生の頃でした。

昼は近所の友人たちのお世話になりながら留守番をさせ、夜はパパに早く帰ってきてもらい、何とか一週間、留守を乗り切らせました。だいぶ大きくなってからそのときのことを思い出して、「あのときは寂しかった」というような話をしてくれたことがあります。それはとても切なかったけれど、当時の私にもさまざまな葛藤があったなかで、それでも一歩踏み出せたあの経験は特別なものでした。その出張中にとった写真の私は泣き顔ばかりです。家族や周囲の人たちへの感謝とともに、仕事が自分をここに連れてきてくれた、という喜びが込み上げていました。

そうこうしているうちに、やっと主力の商品がアメリカから入ってきました。その商品はやはりハーブのサプリメントなのですが、日本版の開発に二年以上かかり、待ちに待った日がやってきたはずでした。まさかそれが、半年近く一本も売れず、ずっと倉庫に眠ったままになるとは……。

そもそも、「この商品を売りたい」ということで若松さんは会社を立ち上げました。前職でオーガニックの植物原材料を探していたとき、アメリカである会社と出会い、商品にも創業者の理念にも惚れ込んだのです。ですが、いざ商品が届いても、売る当てはまったくありません。それまでの日本にはないタイプの商品で、どう表現してプロモーションしたらいいのかもわかりません。

日本の法律（「薬事法」）上、アメリカで表現していることのほとんどは表記できないということもありましたが、実際、「植物の力で心身のバランスを整える」「深いレベルから健康力を底上げしてくれる」など、全体的な（ホリスティックな）表現が適するもので、「〇〇にいい」とはっきりとは伝えきれない商品でした。

本来サプリメントというのは食事の補助となるものです。食事から十分に良質な栄養素を毎日補えれば不要なものでもあるのですが、現代の食生活ではそれはかなり難しくなっています。そして良いサプリメントであればあるほど、一点に働くのではなく、広範囲にわたって心身を健康にしてくれる。食事とは本来そういうものだからです。今日の食事は目と肝臓だけ元気にしてくれたな、などということは起こりえないわけです。

社長の若松さんともう一人のスタッフと私と三人で毎日、どうしたら売れるのか、ああでもない、こうでもないと一日中話し合っていました。

他にはほとんどやるべき仕事もなかったため、みんなで机を囲んで、本当に話をしているだけの日々がひと月以上続きました。

結局、三人で考えに考えた末、何にいいとか、何の目的で摂るもの、などということは一切言わないことにしました。

それは、当時としては無謀《むぼう》とも言えることでした。「効果や目的のはっきり言えないサプリメントなんて、摂る意味あるの?」とお客様に言われたこともありましたし、私たち自身も「まったくおっしゃるとおり」と思っていました。

でも何かを言うと、何か大切なものが失われてしまう。そこで限定してしまうことで、その商品がもつ可能性を狭めてしまう。「だったら何も言わないことにしましょう」という結論に最後はなりました。もちろん原材料に何が入っているとか、品質に関わることなどの必要な情報は伝えます。

人間、考えに考え抜くと、意外とシンプルな答えにたどり着くものです。

その後、もちろん最初はなかなか売れなかったのですが、しばらくするとお客さんたちが、こんな体感があった、こんな変化があったとブログや雑誌などで徐々に語り出してくださったのです。

そのなかには著名人も含まれていて、そのひとりが吉本ばななさんでした。本当に普通にお買い上げいただいていたお客様でしたが、ご自身のブログに、体験されたことを生《なま》の言葉で、ものすごくパワフルに書いてくださいました。

「ブログ」という媒体そのものに、今では考えられないほどのパワーがあった時代でもありました。製品名が「今週の注目ワード」として新聞に出たくらいです。ばななさんのおかげで今の会社があると言っても過言ではないのですが、もし私たちがたとえば「ダイエット食品」としてこの商品を売り出していたら、絶対にこんなことは起こらなかったはずです。

それ以降もアップダウンし、いろいろなことがありながら、おかげさまで今年で創業十三年というところまで会社は続いています。

不満屋さんからの脱皮

今から振り返ると、私はけっこう不満屋さんだったと思います。

まわりの環境にも不満なのだけれど、自分にもすごく不満がありました。それはたぶん、イコールなのだと思います。ダメなところや足りないところを人と比べたり、かつて自分がいた会社と今の会社を比べて、「あれもない、これもない。じゃあできないじゃん！」と開き直ったりしていました。

それが、自分がやらないと何もないどころか、会社も消滅してしまうかもしれないという状況のなかで、自ら手当たり次第に取り組んでいくうちに、自然と「ないものを見つけたらチャンス。私がやろう」と正反対に変わっていきました。

「まったく面倒くさいなあ」と言いながら、実際、半分はそう思っているのですが、残りの半分では何だか嬉しい気持ちがありました。お掃除好きの人が汚れているところを見つけると、「あーあ、こんなに汚れちゃって」などと言いながら嬉々《きき》として磨いていたりしますが、そんな感じです。

足りないものは、もちろん始めたばかりの会社にはいくらでもあったのですが、どんなにできあがっている会社でも、実際にはたくさんあるはずです。そういうのを見つけても、「仕事が増えるから私はやらない」という人もいるでしょう。「ダメなことをそのままにしておくほうが自分としても楽」という部分もあると思います。「これがダメだから私はできない」と自分にも他人にも言いわけができるので、あえてそこを解消しようとしないのです。自分ではそれを自覚していない場合も多くて、つい不満ばかり口にしてしまう。以前の私もそうでした。

でも、自ら見つけた仕事に取り組むことで、新たな喜びを見つけたり、他のスタッフやお客さんが喜んでくれたり、いろいろなメリットや副産物が生まれてくるという実感ができた私は、ますます自分から「足りないもの」を探しに行くようになりました。自分が、今までそこに存在していなかった価値をつくり出せる、何かを変える「スタートの人になれる」という発見が、私には大きかったと思います。

「足りないもの」があるとき、「私には何も与えられていない」とやる気を失い、自分自身を無力に感じてしまいがちです。でもそれが逆に、自分にチャンスを与えてくれるのだと一八〇度逆転して捉えられるようになって、大げさなようですが人生が変わりました。

少なくとも「仕事人生」というものがあるとすれば、確実に違う道を歩むことになったと思うのです。

振り返れば、自分への不満もだいぶ小さくなっていることに気がつきました。

第五章

女、会社を動かす

会社七年目の岐路

「怪しすぎる……」

私が自社の商品のキャッチコピーに対して、心のなかで抱き続けていた違和感でした。もちろん、商品の品質には自信がありましたし、前章で触れたように、部分的な効果や目的をうたわずに売っていくという方針は、全員が納得したうえで決めたものでした。

ただ、ブランドイメージについて、当時社長だった若松さんは、アメリカのメーカーが打ち出していたものをそっくりそのまま引き継ぐことにしていました。

それが、「稀代《きたい》のヒーラーがつくった究極のサプリメント」だったのです。

開発者のミッチェル・メイはヒッピー世代で、既成の価値観に縛られず、文明的で便利すぎる生活に疑問を持ち、その代わりに自然のなかでの自由で平和な暮らしを愛する、というムーブメントのなかで青春時代を過ごした人です。

十代の終わりの頃に生死をさまようような交通事故に遭い、そこから復活していくのですが、入院中、特殊な能力をもつひとりの男性と出会いました。その人物のサポートによって怪我が飛躍的に癒えていったことで、ミッチェルは彼の弟子となり、自身もそのような活動をしていた時期がありました。全米の優れたヒーラーたちを集めた特集雑誌の表紙に選ばれたこともあります。

ただ彼はヒーラーを生業《なりわい》としていたことはなく、いつも無償で病気や悩みを抱えた人々を診《み》ていました。実際に会えば誰もが、彼がとても常識的なジェントルマンで、優秀なビジネスマンだということがわかります。心理学の博士号を持つ知性派で、風力発電を推進し、森林伐採を食い止める活動もしている真のナチュラリスト。さらには、経済的支援を必要としている人たちに売上の一部を寄付している社会事業家でもあります。

商品の原型となったものは、彼自身を癒すために、さまざまな専門家たちと研究を重ねてつくりあげたものでしたので、たしかにそのキャッチコピーに嘘はありません。彼のヒーラーとしての稀有《けう》な能力が、他では真似のできない素晴らしい商品を生み出しました。

ですが私は「怪しすぎる」と思いました。私がそう思うというよりも、世間では間違いなくそう思われるだろうな、と感じていたのです。実際、いろいろなところでネガティブな意見を見聞きするようにもなっていました。

発売から数年間、私は家族以外の誰にも、自分たちの商品を胸をはって勧めることができませんでした。「胡散臭《うさんくさ》いものを買わせようとしている」と思われやしないかと、先回りをして話を避けていたくらいです。

「このやり方しかないのだろうか？　このままではお客さんを限定してしまう。もっと広く、多くの人に使ってもらいたいのに」

そう思った私は、思い切って若松さんにある提案をしました。

「ヒーラーとか言うの、やめませんか？」

この商品を取り扱い始めてすでに四年の月日が流れ、会社は創業から七年目を迎えていました。

そのときの若松さんが何を言ったかは思い出せないのですが、彼は「それができるなら、ぜひそうしてほしい。ただ自分たちにその力はないだろうね」と思っていたようでした。

たしかに、今までのアピールの「核」を失って、はたして多くのお客様に支持されるのだろうかという不安はもちろんありましたし、実際、取引先からは反対意見も多く寄せられました。

「単にオーガニックの植物を五二種類、粉にしました、ってだけじゃ売りようがないよ」「なんでヒーラーって言ったらダメなの？　急に方針転換されても困るよ」。私が逆の立場だったら、きっと同じように感じたことでしょう。

私自身、迷いがなかったわけではありません。ただ、自分が感じている違和感は否定しようがない。何度諦めかけても何年たっても、同じ疑問にたどり着いてしまうその気持ちは捨てられませんでした。

ブランドイメージの脱皮

まずは卸し先の不安感、不信感を払拭《ふっしょく》していくことが急務でした。新たなイメージ――ニュートラルで、ナチュラルで、すがすがしい、健康的で女性たちにも支持されるような――をすべての販売店で共有してもらうには、何か仕掛けを考えなければと思いました。

当時は、一〇社ほどのネット通販の会社への卸しが売上の七割以上を占めていて、どのホームページも「ヒーラーがつくった究極のハーブサプリメント」という雰囲気になっていました。いくらこちらが「変えてください」とただお願いしたところで、相手はもともと変えたくないわけですし、余計な仕事も増えるし、そのうえ、変更すれば今より売上は落ちるだろうと思われていたため、なかなか積極的には協力してもらえませんでした。

そこで思いついたのが、「みんなで同じキャンペーンをして、ホームページやバナー、パンフレットにいたるまで、ブランドイメージに関わるところはすべてこちらで準備して渡そう」ということでした。先方にも得があるような、割引価格で卸す企画やプレゼントも用意し、チラシなどもこちらでデザインして、ほしいと言われる枚数を刷って送りました。

少ない人数のなかでそれをやっていくのは大変でしたが、毎月のように新しいキャンペーンを実施し、そのたびに開催に必要なものをほぼすべてそろえて、全社で共有してもらいました。

デザインにも費用をかけて、できるだけクオリティの高いものを心がけ、先方に負担がかからないよう細かな要望にも応えるようにしました。「うちの場合は、この文章は入れないで」「違うサイズのデータももらえませんか?」「チラシのここに会社名を入れてください」などなど。

それを続けていくうちに、徐々にではありますが、新しいブランドイメージが定着していきました。もちろん大企業のようにテレビコマーシャルを流したり、雑誌に大々的に広告を打ったりはできませんので、ブランドイメージといっても、はっきりと消費者の頭のなかに届けられたわけではありません。当社の製品を知っている人もかぎられますし、ブランドなどと大きな声で言えるようなものではないかもしれません。

それでも確実に、私たちが発するメッセージもお客様から寄せられる言葉も、以前とはまったく変わっていきました。不要な先入観を取り払い、商品そのものの素晴らしさをきちんと伝えていくことで、ただ健康を求めている、本当に健康に役立つ良質な商品を探している、という多くの人たちにも届けることができるようになりました。

以前では想像もできなかったことですが、若い女性たちに人気のセレクトショップや日本一の売上を誇る百貨店からも声がかかるようになり、女性誌やムック本などにも毎月のように取り上げられるようになりました。

一番大きな変化は、私自身、誰にでも堂々と商品を勧められるようになったことかもしれません。

一歩先を歩く

この件では面白い後日談があります。

その方針転換をアメリカのメーカーに伝えたところ、「なぜ？」「いったい、それでどうやって売っていくつもりなの？」と、反対はされなかったものの、すぐには理解してもらえませんでした。

ところが、その話し合いから一年ほどたったある日、アメリカから一通のメールが届きました。

「ホームページを八年ぶりにリニューアルすることにしました。見てみてください」

その新しくなったサイトを開いてみると、大幅にデザインが変わっただけでなく、ほとんどすべてのページから、「ヒーラー」という言葉やミッチェルのヒーラー時代の写真などがきれいさっぱりなくなっていました。

「ニュートラルにすることで、より多くのお客さんに買ってもらいやすくしたんだよ」と自信たっぷりにメールに綴《つづ》られた文章を見て、「それ、うちが先にやってるじゃないの！」と若松さんとふたり、思わず大笑いしました。おまけに、私たちがお金をかけて撮影した商品のイメージカットも、しっかり載せられていました。

アメリカのメーカーは私たちの十数倍、あるいはそれ以上の売上があり、スタッフもいる会社です。そんな会社が私たちの考えの後追いをしている。彼らは私たちの話を聞き流しているように見せておきながら、内部ではしっかりそれを検討していたのだと思います。

この方向転換は、日本以上に大きな変化だったはずです。商品のクオリティはもちろんですが、ミッチェルという人物を前面に打ち出すことでファンを獲得してきた会社でした。パンフレットなどもスピリチュアル感が満載のものしかつくってこなかった人たちです。そんな彼らも、「このままではいけない」と、ある危機感を感じていたのだと思います。

この経験は、自分が感じてきたことを信じてもいい、という自信を与えてくれました。周囲の人より一歩先を歩くときには、どうしても向かい風はつきものです。ですが同時に、どこかすがすがしい、爽快《そうかい》な気分も味わうことができるのです。

感じる力

「感じる」ということは、じつはすごいことです。でもビジネスにおいては、今のところあまり価値があるものとしては扱われておらず、数字のデータや論理的に説得できるかということに、重きが置かれすぎているように思います。

経験的に、「なぜだかわからないけど、そこが気になって調べていたら、じつは重要な問題点に突き当たった」「なんかこの人胡散臭いな」「このままいくとまずいことになりそう」などという、曖昧《あいまい》で不確かに思える直観のようなものが会社を救うことが、ままあるのです。

先の例でも、あのブランドイメージの転換があったからこそ今の会社がある、今も商品を届け続けていられる、ということは、今となっては断言できることだと思います。

この「感じる」力を磨くのに最適だったのが、私の場合は育児でした。

赤ちゃんとの生活は、言葉は通じず、泣き声や表情などで察するほかありません。おむつを替え、おっぱいを飲ませ、抱っこしても泣き続ける我が子に途方にくれました。もう少し大きくなってからも、子どもが何に悩み、何をサポートしてあげたらいいのか、やりすぎず、でも必要なときには手を差し伸べられるようにと、ちょっとした表情や言葉遣い、態度や食欲などから想像したりもしました。

育児にかぎらず、お客様の声やスタッフの様子、掃除の仕方が雑になったとか、売れている商品が変わってきたとか、そういう変化を見逃さないようにアンテナを立てておく。そして、それが何を意味しているのか、どんな影響がありうるのかを想像するような思考の癖を身につけていくと、ある部分の感覚が開いていくように思います。

また、一見すると仕事とは関係ないように思われるかもしれませんが、絵や音楽などの芸術にふれていくのも助けになります。それらは知識や論理や数値で理解するものではなくて、まさに感じるしかないものだからです。「良い・悪い」「正しい・間違っている」の判断をいったん外して、ただ感じてみる、味わってみる。そういう時間を意識的に持つこと。

現代のビジネスでは、常に不確かな未来を予見していく力が必要とされていて、時代のうねりや人々の気持ちなどの変化を繊細に、風を感じるように敏感に感じとっていくことが求められています。私はそれができているとはまだまだ言いがたいのですが、必要とされているのは、数字での分析力よりも「感じる」力をもっと磨いていくことだと思っています。

「あえてやらない」も新しい

新しいブランドイメージも定着し、売上も右肩上がりになってきた頃、もっといろいろなブランドの製品を取り扱うことやリアルな自社店舗を開くこと、あるいは営業マンを何人か雇って積極的に売り込みをかけていくこと、アジアの国々に輸出することなど、さまざまな可能性について毎日のように若松さんとふたりで話し合っていた時期がありました。

とくにリアル店舗については何度も出てきた話で、一度は物件も見に行き、店舗経営の経験のある知人女性に任せてオーガニックカフェを始めてみよう、というところまで話がいったこともあります。

若松さんは夢のあるチャレンジを提案し、私はいつもそれに水を差すようなリスクを並べて反対する。結構イヤなやつだったかもしれませんが、それでも議論だけはずっと続けていました。私自身、やってみたい気持ちがなかったわけではありません。でも同時に、失敗したときのリスクを考えておかないと、ブレーキの利かない車に乗ることになります。

そうならないためには、とにかく走る前によく考える。そして、そのときに肝心なのは、第三章でも書きましたが、「質問から考え直す」ということです。

たとえば、「オーガニックカフェかサプリメント専門店か、どちらの店舗にする？」という議論に入ってきていても、「そもそもリアルな店舗って必要なんだっけ？」と考えてみる。

それでは何もやらないほうがいいのか？　というとそうではなくて、まずは常識や常套《じょうとう》手段、過去の成功事例、そういうものに自然と引っ張られているところから離れてみるということが必要だと思います。本当の意味、必要性、リスクといったところに繰り返し戻っていくのです。

すると、「自分たちで店舗を構えるより、百貨店の催事で全国を回るほうがいいのでは？　リスクも少ないし」という、似ているけれどちょっと違う答えに落ち着くかもしれないし、もっとまったく違ったアイデアが出てくるかもしれません。

やるのが普通、当たり前、と思われていることを「あえてやらない」「なくてもできる」と発見するのも新しいスタイル、アイデアです。資本力もマンパワーも小さいうちのような会社は、お金をかけて何かをやることの前に、やらなくてもうまくいく方法を考えてみる必要があります。

また、何かを始める場合でも、たとえば「たくさん広告費をつぎこめば売上が上がる」「イメージ戦略が大事」「数字から物事を考える」というような、一見とても正しいと思えることには気をつけたほうがいい、と私の「感じる」センサーは反応します。

　これらはみな、いわゆるコンサルタントと呼ばれる方々が使うワードでもあります。つまり「一般論」であるということ。「一般論」ではない答えを考え続けることが、小さな会社が続いていくうえで、とても大切なことだと思います。

会社の芯にあるもの

　蜃気楼のようだった会社が、小さいながらも成長して「がむしゃら期」を乗り越えたとき、自分たちは何を目指し、どこに向かうのか、という会社の芯になるものが、あらためて問われるタイミングが訪れるのかもしれません。ブランドイメージの転換もリアル店舗の検討も、そんな流れのなかにあった岐路で、それらにひとつひとつ向き合ううち、知らぬ間に、会社が大切にしたいものが見えてきたような気もしています。

商品を輸入して販売するという、言葉にするととても単純なビジネスではありますが、その業務は意外と多岐にわたります。

アメリカとの製造の打ち合わせ（電話会議および年一回の現地訪問を含む）から始まって、輸入手続きや通関の準備、製品検査やラベルのデザイン、印刷、卸し先さんへの営業、販売サポート活動、ＰＲ活動、販売促進キャンペーンの企画、それに必要となる販促物（チラシやパンフレットやＰＯＰなど）の制作、ショッピングサイトの運営やキャンペーンなどに合わせた更新作業、出荷処理、お客様からの質問などへの対応、適切な在庫管理や売上に関するさまざまな資料の作成、イレギュラーなイベントの開催や展示会への出展に伴う業務、経理、総務的業務一式……など。

現在は、それを私と三名の社員＋一名のパートタイマースタッフ（二人のお子さんのママ）でこなしています。産休中の社員がさらにいて、一年半のお休みののち、短時間勤務で復帰の予定です。多少の増減はありましたが、だいたい四、五人のスタッフでやってきました。

もともと、ほとんど営業というものをしない会社でした。今でも営業マンは一人もいません。創業から三、四年は、若松さんとふたりでいろいろなところに売り込みに行きましたが、いっこうに買ってもらえませんでした。そうかと思えば、急に電話がかかってきて「お宅の何とかって商品、何だか売れそうに思えるんだよね。テレビショッピングに出してみるから来月三〇〇〇本用意してくれない？」というような話も、一度や二度ではありませんでした。でも一度もそのような話には乗りませんでした。本当は喉から手が出るほど売上がほしかった時期でしたが、ただ愚直《ぐちょく》に「商品を大事にしてくれない人の手には渡さない」ということだけは守り通しました。

それ以降も取引の申し出があるたびに、「うちの製品はお使いいただいているのでしょうか？」と尋ね、使っていないのであれば、「お使いいただいてから、本当にいい製品だと思われたら、またご連絡ください」と言って電話を切ってしまいます。

本当に私たちの商品を愛してくださって、熱心にお声がけくださったところにだけ卸すということを続けてきているので、ほとんど新しい取引先は増えません。

そしてアイテム数も、十年前と比べてほとんど増えていません。今取り扱っている商品は、すべて自然のペースに合わせて開発されています。原材料となる植物の最適な「種」を探すところから製品づくりが始まるので、それが完成して日本に届くまでとなると、植物の栽培地が決まってから一年半、文献などで調査・研究を始めた時期から考えると早くても二年半はかかるのです。

売上や従業員、商品数など、規模を大きくすることを追い求めたり、常に右肩上がりの成長を目指していくのではなく、必要な人たちにきちんと商品を届け続ける。今いるスタッフでできることを最大限にしていく。その商品が求められるかぎり、一緒に働く仲間がいるかぎり、それを続けていく。それが、この頃に見えてきた、そして今につながる私たちの会社の芯にあるものです。

第六章

女の仕事、七カ条

入社してからの数年間は、自分で仕事をつくり、小さな成果を積み重ねることに必死でしたが、主力商品の販売もなんとか軌道に乗り、スタッフも少しずつ増えてくると、小さいながらも会社らしい悩みが増えてきました。

スタッフをどう育てていくか、やる気を出させるか、きちんと結果を出していくか、出させていくかなどに加え、職場の雰囲気や働きやすさ、ということも気にかかりました。私自身、社長になるまでの九年間は、仕事も子育ても一番忙しい時期でもあり、女性が働き続ける難しさを実感しました。

ここからは、そんな日々の仕事のなかで、私がとくに女性として感じたこと、気をつけていること、大切にしていることを、いくつか紹介してみたいと思います。

その1　脱・男の会議

若松さんが社長だった時代、週に一度の会議では、彼以外ほとんど誰も話しませんでした。私は少しは話したと思いますが、それでも相槌をうったり、何か情報をつけ加えたりするくらい。社長が一方的にしゃべるのをみんながお説教のように聞いていて、「早く終わればいいな」と何となく思っている状態でした。

ミーティングの終盤に、「何か質問や意見はありますか？」と聞かれても、みんなシーンとなっていて、そうすると上司は「意見も出さないのに会議に出る意味あるの？」と不機嫌になって怒り出し、それでみんなはますます「早く終わらないかな」と思っている、というような負のスパイラルは、わりと多くの会社の会議で起こっているのではないでしょうか。でもそんな会議からは、何時間かけたところで良い成果は生まれません。スタッフのモチベーションはさらに下がり、意味がないどころか逆効果です。

二十年余りの仕事人生で数えきれないほどの会議に出席してきましたが、自分の勤めていた会社にかぎらず、男性が中心の会議では、本来の目的よりも「形式」と「パワー」が重んじられてきたように思います。

「形式」を重んじる会議とは、話し合いよりも「発表」に重点が置かれ、その資料づくりに何時間、ときには何日も費やしている人がいる、自由に発言できる雰囲気がまったくなく、順番や意見を述べていいタイミングが暗黙のうちに決められている、といったものです。パワーポイントで資料を準備し、プロジェクターを使って説明する定番のスタイルでないと、言っていることに価値がないとされるようなケースもありました。最適な解を求めるよりも、その会議自体が「形式に則《のっと》っていたか」「決められた手順を踏んだのか」が問われる、という感じです。

「パワー」の会議というのは、役職が上の人が下の人に対して大っぴらに威張れる場所、上から下に圧力をかける場所、それが会議、と結果的になってしまっているケースです。できうるかぎり良い成果を得ようと思えば、参加者全員が立場に関係なく発言できなければならないはずですが、それが実現されていることは、じつはとても少ない気がします。

今、私の会社ではミーティングは週に一度、長くても三十〜四十分程度です。みんな忙しいし、普段からいろいろなことを話し合っているので、どうしてもそこで話さなければならないことは少ないのです。普段のコミュニケーションが悪い組織ほど会議が長い、というのは間違いないように思います。

一時間ミーティングをやって何も決まらなくても、会議をしているだけで「仕事をしている」という認識になりがちです。ですが私たちのような小さい会社では、そういう無駄な時間を省いて、常に中身重視でやっていかないと、すぐにいろいろなことが停滞してしまいます。

また、各自の都合に合わせることが難しい会議の時間は、働くママにとっては大敵です。いっそ会議の主導を女性にして、それも子育てなどで忙しくて早く帰りたいスタッフを中心に、やり方を考え直すというのもよいと思います。

「それは会議でないと話し合えないテーマなの？」「事前に資料を配っておいて、会議では質疑応答からにしましょう」「もっと現場の生の声を聞く機会にしよう」など、形式や立場に囚《とら》われない、本当に意味のある時間が新たに生まれるかもしれません。

最後にもうひとつ。誰かが意見を述べたとき、「それって数字の資料そろっているの？」と言う前に、まずはきちんとその意見に向き合ってみることも大切だと思います。

論理的であることはもちろん必要ですが、今まさに起こっていることは数字では確認できません。常にタイムラグがある。上司を数字や資料で納得させられるか否かで、ゴーサインが出るかどうかが決まるというのは、無駄に労力を使ううえに、ときに間違った判断にもつながります。

会議には、その会社のカラーがはっきりと出ます。逆に言えば、会議が変われば、会社も変わっていく。まさに仕事の要《かなめ》です。

その2　ワークとライフを分けない

最近、ワークライフバランスという言葉をよく耳にします。本来は「仕事と生活の調和」という意味で、ライフステージや状況の変化に応じて、さまざまな働き方、生き方を選択していきましょうということだそうですが、日本では、単に残業時間を減らしてその分を趣味や家族との時間にあてよう、という意味合いで使われている気がします。

背景には、「仕事は九時から五時まで。そのあとはプライベートの時間」というふうにはっきり区別しないと、自分の暮らしや人生が脅《おびや》かされてしまう、つまらない仕事人間になってしまう、自分らしい豊かな人生が送れない、という考えがあるようです。

朝九時から夕方五時まで必ず社内に在席し、逆に帰ったら仕事は一切やらない。育児期間中は退社時間を切り上げて夕方四時まで、などの措置が多くの会社でとられていると思いますが、子育てをしながら働く女性にとっては、それは必ずしも成果の出しやすい望ましい働き方ではないと思うのです。

時間に制約のあるスタッフには仕事を任せづらい、というのは上司の本音としてはあります。たとえ夜遅くまでかかっても、最後は仕上げてもらいたい、トラブルがあったときにはいつでもすぐに対応してもらいたい。そうできる人を責任者としておきたいと考えるのも、現在一般におこなわれているような働き方であれば、当然といえば当然です。

たとえば仕事では、一本メールを書いておくと一日放っておいても大丈夫な場合がある一方で、逆にその連絡を後回しにしたために問題が大きくなってしまうことも多いものです。「家に仕事は持ち込まない」となると、短時間勤務ではどうしても難しい点があります。

「夜でも必要があったら遠慮なく連絡してください、メールくらいなら打てますよ。

でも、昼間の時間も必要があったら子どもの用事で出かけさせてください」とか、あるいは「子どもの保護者会があるので、今日は二時で帰ります。その代わりに家で明日の資料、完成させておきますね」というほうが働きやすい人も多くいると思うのです。

子どもを病院に連れていく、学校や町内会の行事に顔を出す、夕食の準備をしてくるなど、ほんの一、二時間家に戻れたら、あとは夜までだって働けるのに、と思っている女性も少なくないはずです。

子育てに関係ない人でも、ときにはアイデアを探しにふらっと街に出たり、逆に一日中家にこもって集中したり、臨機応変に仕事ができたら、もっとストレスが少なく、かつ良い成果が出せる人も大勢いるのではないかと思います。

もちろん難しい職種もあります。ただ、会社、個人、双方が少しずつ融通を利かせて、知恵を出し合って、柔軟性をもって考えていけば、今よりもっといろいろな働き方や時間の使い方ができるようになります。

サラリーマン社会になるもっと前は、そんな働き方が主流だったのではないかとも思うのです。農業もそうですし、家でお店をやっている人も、「きっちりここからはプライベート」というものはありません。時間と場所で区切られることが、必ずしも幸せではない場合もあるのではないでしょうか。

仕事をする時間は一日のなかでも長く、人生のなかでも長い。ロングスパンで考えて、持続可能性の高い働き方にシフトしていく、あるいは、いざとなればそうもできるという状態にしておくのは、とても大事なことです。それは、子育てだけでなく、親の介護を抱えている人や、自分が何か病気を患っている人など、すべての人にとってメリットがあります。

「仕事というのは自分らしく生きることを邪魔するものだ」という考え方もたしかに一方にはあって、そうだとすると、ワークをライフに干渉させたくないという考え方になります。

でも「仕事は人生の一部である。仕事は人生そのものなんだ」という見方をすれば、分けるよりも「重ねる」。どうやったらきれいに重なるのか、美しいハーモニーになるのかを、考えていけたらと思っています。

その3　子育て仕込みの「ほめ方・叱り方」

子どもをうまく動かそうとして「上手、上手」などとおだてるときと、大人には描けないようなすごい絵を描いたときに、「天才じゃないの、君は」と心から驚いたときでは、子どもの反応は全然違うということを、多くのお母さんは感じると思います。

上司としてスタッフを育てるときにも、ほめ方は大事です。そして、これも子どもに対するときと同じで、「ほめたらこの人はもっと働いてくれるかも」と思ってほめてもダメで、本当に良いと思ったときに「すごい！　どうしてこんなことができたの？」「最高！」などと素直に伝えることが、やる気や自信につながります。

「素晴らしい」と思えるかどうかは、こちら側の問題でもあります。たとえば何を見ても気持ちが動かない心がカチコチの人もいますし、感じていてもそれを表現するのが苦手なシャイな人もいます。いい仕事をしてくれたときに、自分がそれに感動できる、言葉にできる状態にしておくことが、とくに上司になった人には大切だと思います。

一方、叱ることとは、ほめる以上に難しいものです。ほめ損ねても大きな問題は起きないけれど、うまく叱ったり注意したりできないと、人間関係が悪化したり、本人だけでなく会社にとっても大きな損失につながる場合があります。そういう私も失敗を繰り返してきました。

子どもを叱るのも、はじめはとても難しく思えました。子どもにとっては、いろいろなことが遊びになるので、ティッシュペーパーを箱から次々引っ張り出してしまったり、靴を放り投げて友だちにぶつけたりもします。そういうことのなかで、自分自身や誰かに怪我をさせる恐れがあるようなことだけは絶対に、その場で叱らねばなりません。

でも、小さい子どもに真顔で叱るのは本当に難しい。かわいさにどうしても表情も緩みがちで、自分にも「まだこんなに小さいんだからできなくて当然だわ」と言いわけして、「危ないよ〜」などと優しい口調で言っていると、子どもは絶対にやめません。親の心を見透かしているのです。一度で直らなければ、何度でも毎日でも注意する。焦らず、でも諦めず、感情的になりすぎずに（これが難しい！）、言い続ける。根気と自制が必要ですが、何を叱り何を叱らないか、どう叱るのかが、子育ての肝《きも》でもあります。

試行錯誤しながら、少しずつ親としても成長してきましたが、その経験は仕事でも役に立っていると思います。

以前の私は、とにかく正面からストレートに伝えていました。あなたはここがダメだ、直すことができないなら、このまま仕事を続けてもらうことはできないよ、ということまで部下に一気に言っていました。

仕事が遅い、ミスが多い、やる気がない、周囲の人とうまくやっていけない、お客様への対応が雑、などいろいろなパターンがありました。どれもが意外と根が深く、育ってきた家庭環境や過去に勤めていた会社での経験、とくに最初に勤めた会社で身につけたものが色濃く残され、なかなか変えることが難しいようで、辞めていく社員もいました。

こちらのエネルギーも削《そ》がれるような経験のなかで、二つのことに気がつきました。「どこを向いて叱るのか」ということと「タイミング」が大事だということです。

一つ目は、相手と真正面から向き合うのではなく、起こっている問題に対し、相手と同じ方向から眺めて話をしていくということ。「ミスばかりじゃないか、何やってんだ、しっかりしろ！」と言うのは単にカツを入れているだけです。それで解消されるなら、問題はそれほど深くはないのでしょう。ですが、それでは解決されない場合には、きちんと問題に向き合うことが必要です。

何でそういうことが起こるんだろう？　最近、疲れてる？　こんなに仕事が進まないと会社も困るけど、あなた自身も自分の仕事に自信が持てなくなっちゃうでしょう？　と真剣に話す。

あなたの問題は私の問題でもあり会社の問題でもある——この立ち位置が間違っていなければ、言い方がぎこちなくても多少強くても、大丈夫だと思うのです。

もう一つの「タイミング」というのは、たとえば、忙しくてバタバタしているときにミスを指摘しても、相手は落ち着いて考えられないし、忙しいんだから仕方ないでしょう？　となってしまいます。そういうときは次の日まで待って伝えたり、周囲の人がいなくなった隙《すき》を見計らって伝えます。

逆に、このまま続けていくと問題が大きくなるという場合ならすぐに言ってあげたほうがいいし、それはケースバイケース。あとは、本人がすでに気がついて落ち込んでいるときに追い打ちをかけない、というのもポイントかもしれません。

多少の摩擦や自分がどう思われるか、そこを恐れていては叱ることなんてできません。でも、仕事を大事にしていること、一緒に大事にしてもらいたいと思っていることが相手にも通じれば、いずれはわかりあえるようになるものです。

その4　美しい仕事をする

以前は、私が朝オフィスに出勤して、「おはようございます」とみんなに挨拶《あいさつ》をすると、パソコンの画面を見たままこちらを向かず「おはようございい……」と最後まで聞き取れない感じで、ぼそぼそっと返す人がいました。挨拶がきちんとできない社会人は案外多いようです。

ほとんどの仕事はチームでするものですから、意思の疎通《そつう》がスムーズでないと仕事の成果にも影響します。何とかお互いに朝から気持ちよく始められないかと悩んでいたところ、ある日、ピンとひらめきました。

「おはようございます」だけでなく、「おはようございます。今日も一日よろしくお願いします」と、ふた言目をつける挨拶をみんなで実践したらどうだろう。

最初はちょっと恥ずかしい気もしましたが、部屋に入ったときに明るく「みなさんおはようございます。今日も一日よろしくお願いします」と大きな声で言ってみたところ、みんなハッとしてこちらを見ました。そしてみんなも一拍おいてから、「あ、おはようございます。よろしくお願いします」と返してくれて、そういうぎこちない感じから始まりました。

「お互いにそう言いましょう」と続けているうちに、なんだかとても雰囲気が良くなって、朝から互いに「美しい」挨拶をして、一日をスムーズに始められるようになっています。とても小さいことなのですが、でもそのひとつのことで会社全体の雰囲気が変わったり、仕事が効率よく進むようになったりということが、じつはたくさんあると思います。

そういう「発見」には、あるクリエイティビティが必要で、とくに細部まで気がつくような女性であれば、その気になればいろいろと見つけられる気がします。

最近では、オフィスに朝食コーナーを用意してスタッフの健康管理をサポートするような企業もあります。そのおかげで朝型になる人も増えて、夜の残業が減った、という話も聞きます。会社の経費も削減できて、みんなの健康状態も良くなって。こういうシンプルで強いアイデアがいいと思います。

たくさんのエネルギーや時間を必要とせず、それでいて波及効果のある有効な方法をいつも探していく。そうやって、少しずつやり方を洗練させていく先には、「美しい仕事」があるのではないかと思っています。

一方で、仕事を「美しくなく」してしまう現象として「小さなミス」があります。わりと多くの人が「人間だからミスするのは仕方がない」「注意していても防ぎようがなかった」と考えます。ですが、商品開発や販促、販売など、さまざまな仕事をやってきて思うのは、小さい一歩のつまずきやミスが思いもよらない大きなダメージにつながることがあるということです。とくに小さな会社では命取りになりかねないケースもあります。

以前私も、パンフレットの印刷時に、印刷所の間違えに気がつかず、デザインがずれずれで肝心な情報がほとんど読めないようなものをつくってしまったことがありました。そのときは何万部も刷ってしまったので、なぜもっとよく確認できなかったのだろうと落ち込みました。幸い配布前に気がついて、印刷会社と交渉することで少額の追加で刷り直してもらうことができたのですが、そのまま配布していたら、回収などもっと面倒なことになっていたでしょう。

そして、コスト以上に問題なのは、仕事が増えるということです。それも生産性のある前向きの仕事でなく、やり直しやお客様への謝罪、クレームへの対応、取引先へのお詫びの連絡など、気持ちの重い仕事ばかりです。ミスをした本人がばつが悪いだけでなく、他の人も巻き込んで、みんなにとっても良くない影響を及ぼすのです。

そんな経験をたくさん積んだ私は、かなりうるさい上司になりました。数字ひとつ、罫線ひとつずれていても指摘して、修正を要求します。できるだけミスをしないようにと何度も話します。注意するときには、「みなさんを無駄に働かせたくないから」という話もよくします。ほとんどの仕事を二人でダブルチェックします。そういう地味な取り組みを二年、三年と続けていくうちに、やっと会社全体としての意識が上がってきたように感じています。

いろいろなことがあるべき形になっていて、スムーズに、そつがなく、無駄がなく、何事もなく進められていく。それが「美しい仕事」です。繊細に、みんなで何か作品をつくり上げていくような感覚で仕事をしていく。そういう仕事を、私自身も、会社としても目指していきたいと願っています。

その5　ビジュアライズする

仕事の流れをどこまで具体的に想像できるか。

これは、ミスをなくすというところにもつながるのですが、私が実践していることのひとつは、仕事をできるだけ具体的に「ビジュアライズ（心のなかで視覚化）する」ということです。

人は、いろいろなことを進めるときに、具体的に考えているようで意外と考えていないものです。何となくいける、だいたいやってあるから大丈夫、という感じで始めてしまうのですが、それだとちょっとしたことでうまくいかないことが多いのです。

たとえば、先日若松さんの講演会があり、そのお手伝いに行ったのですが、マイクだけあって、スタンドが置かれていなかったことがありました。そのまま始めてしまったのですが、彼は資料を手に持ちながら講演するので、スタンドがないとてもやりづらいのです。些末《さまつ》なことのようですが、もう一段細かくリアルに考えることで、いろいろなミスや不測の事態にも、事前に準備ができるものです。

今の例で言えば、講演者がドアを開けるところからイメージを始めて、入ってきて、ここまで歩いて、演台のところで立ち止まる。演台にはその日のレジュメとペットボトルの水とグラスとレコーダーとマイクがセットされている。マイクのスイッチはそのとき入っている？　レコーダーのスイッチはどのタイミングで誰が入れるんだっけ？　そのあと講演者は挨拶をし、資料を手に取る。マイクを片手に持っている。あれ、マイクと資料で両手がふさがっていて、ページがめくれない。マイクスタンドが必要だったな……。というように、細かく細かく頭の中に思い描いていきます。お客様の動きをビジュアライズして、どう誘導するか、何を準備しておくかを考えておくこともできます。

はじめは難しいと感じても、何度も繰り返していくうちに、服装や表情までよりはっきりとイメージできるようになります。実際にはもちろんそのとおりにはなりませんが、その想像世界に入っていくことで、意外な盲点が見えてきたりもするのです。

この「細部まで具体的に考える」ということは、アイデアを出していくときにも有効です。

ぼんやりしているアイデアは、一見良さそうでも、ちょっと具体化してみるとすごく大変だったり、絵に描《か》いた餅だったりします。八割ぐらいのイメージでチェックするのでは、そのアイデアの実現にはどういう困難や課題や落とし穴があるのか、時間やマンパワーはどれくらい必要か、などが不確かなまま始めてしまうことになります。

感覚としては九五パーセントぐらいまで細かくビジュアライズしていかないと、私の場合は安心できません。スタッフや外部の担当者にも「ここはどうなりますか?」「準備しておくものはこれだけ?」「これは誰がどのタイミングでやるの?」と聞きまくることもあるので、もしかしたら、うるさがられているかもしれません。でも、大まかで適当な上司の「そのあたりは当日で何とかなるよ」とか「大丈夫、先方でやってるよ」という曖昧な返事を信じて痛い目に遭ったことは数知れず……。おかげで確認癖とビジュアライズ力はついた気がします。

余談ですが、「わかった、わかった」「大丈夫、大丈夫」と男性が繰り返して言うときは、絶対にわかっていない、何も考えていないときですから、この言葉をけっして信じないように。私の場合、これを信じて会社が危うくなりました（！）。

性格的に母親ゆずりの心配性なのは否めませんが、それが案外、仕事では役立っている気がしています。慣れるまでは疲れてしまいますが、そこまでやってもいろいろなトラブルが起きるのがリアルな仕事の現場ですので、これからもこの力を磨いていきたいと思っています。

その6　考えるけど悩まない

考えることと悩むことは、ちょっと違います。

悩みというのは、あるモヤッとした不快な感情が伴って、その問題の本質がどこにあるか、どの糸を引っ張ればその塊《かたまり》がほどけていくのか、わかるようでわからなくて、気分が落ち込んで、同じところに帰っていく……というものだと思います。

もともとは私も悩みがちな人間でしたし、今でもそういうサイクルに入りそうになることはしばしばあります。仕事のことだけでなく、子育てのことや家族の問題、自分の健康について、あるいは職場や子どもを通じての人間関係など、さまざまなことで悩んできました。

悩むことはけっして悪いことではなく、人生をより深く生きることができる学びを含んだ素晴らしい経験でもあると思います。ただ、そのことが長く続くと、大きくエネルギーを消耗したり、心が風邪をこじらせてしまったりします。

また、仕事の現場では立場に応じて、ある責任を伴った判断と具体的な指示が求められるので、悩み続けて立ち止まってしまうと、「いったい、どうするんですか?」と部下や一緒に仕事をする人たちを困らせてしまいます。会社や職場というのは、一緒に「考えていく場」ですから、悩むことから考えることに転換できるほうがいいのです。

働く女性を例にとれば、「仕事と子育てでヘトヘト。両立は無理かもしれない。先に帰るのも肩身が狭いし、でも子どもとの時間も持ってやらないと。この仕事は続けたいけど、この先やっていけるのかなあ……」とひとりで悩んでいる人も少なくないと思います。それをただ悩んでいるだけだと苦しむばかりで、解決の道は開かれず、その結果、中途半端に会社を辞めることになったりもしてしまいます。

「悩むから考える」への転換は、絡んだ毛糸の玉をひも解いていくように、ひとつひとつ丁寧に自分に問い、丁寧に答えていく、という作業を繰り返すと、うまくいきやすいように思います。

「両立が難しいのは時間の制約？　それとも体力的なこと？」「何時までに帰れれば続けられる？」「これを誰に交渉すればいい？」「今すぐには無理でも、来年からなら制度を変えてもらえるかも」「それまでは夫と母親に助けてもらえば何とかなるかな？」「お給料は多少減っても問題ないよね？」「昇進に関わる？　でもそれはしばらくの間は仕方ない」「優先順位は？」「子どもとの時間の確保が今は一番かな」「家でできる仕事はあるのかな？」「それなら半日は在宅勤務という手もあるし。仕事の整理をして部長に交渉してみようかな？」……。

そういう対話を続けていくと、悩みが分解されて、個々の課題になっていきます。

ときには自分では気づかぬことに囚われていたり、それが問題の本質だったということが見えてくる場合もあります。いずれにしろ、モヤモヤした塊から具体的な課題にブレイクダウンすることで、いつしか気分も安定して、悩みのループから解放されていることに気づく、というのが私自身の経験です。

何かしらの「答え」はあるという安堵《あんど》感が生まれてくるだけでも大きな進歩です。そして不思議なことに、悩みが課題に転換できると、自分ひとりの悩みから、周囲の人を巻き込んだ共通の課題に変わっていきます。そういう経験を、仕事を通じて何度かしてきました。

そして、「考える」ときのツールは「言葉」です。本を読んだりするのもいいことですし、日常のなかで聞こえてくる気になる言葉を心にとめて、自分でも使ってみるのもいいと思います。

自分のそのときの気持ちを表すのにピタリとくる言葉を見つけられると、その悩み自体は解決していなくても、気持ちがほぐれていきます。「ああ、今の私は感情を表に出せずに、鬱屈《うっくつ》した思いが溜まっているんだなあ」「どうにも波長が合わない人と一緒にいて、心が疲れてきたみたい。少し心を休めてあげよう」など。

もし悩みから抜け出せなくて苦しいという人がいたら、自分の感情や起こっていることをしっかりと見つめて、それを言葉にしてみることをおすすめします。

その7　鉄則・仕事が真ん中

今の会社で三、四年たった頃から、フリーで仕事を請け負っている人たちと一緒にひとつの仕事に取り組むことも増えてきました。あるプロジェクトで、今までにないキャンペーンをしてみようということになりました。

それまでは私が社内で素人感あふれるチラシをつくったり、商品写真なども自分で撮影してショッピングサイトのページにアップしたり、今思えば気持ちを込めすぎて文章が長すぎるメルマガをひとりで書いたりしていたのですが、もろもろを外部のプロに頼むということになりました。

デザイナー、カメラマン、コピーライター、ＨＰ制作の会社など、それぞれのプロがそれぞれの仕事をするなかに一人、ミーティングのたびに、少し違和感のある発言を繰り返すカメラマンの方がいました。

「自分はこんなに忙しいんだ」ということを始終アピールしたり、意見を求めても「僕はそれの専門家じゃないですから」というそっけない返事だったり。とった写真に注文をつけると、とたんに機嫌が悪くなり、しまいには「それってやる意味あるんですかね?」と言い出す始末です。まるで傍観者のような発言で、もし失敗したら「僕、言いましたよね?」と言いそうな感じでした。

「仕事」はどこに行ったんだ? と思いました。

その頃の私たちにはかけられる予算がとても少なく、安く請け負ってくれる会社か、誰か知り合いの紹介でしか仕事を頼むことができませんでした。それもあって、自分たちが実現したいこととメンバーの意識とのギャップが大きかったのだと思います。

また別の機会には、自分たちとは不釣り合いにレベルの高い(費用も高い!)デザイナーさんに、商品ラベルの制作を依頼したこともありました。前のようなことがあって懲《こ》りていたので、無駄にお金を使うより、少し背伸びはするけれども、良いものをつくってもらおうと思ったのです。出てきたデザインは一見とても斬新《ざんしん》かつ魅力的なものでした。ただ、私たちが販売する商品のイメージとはマッチしていなかったのです。

それを何度も話し合い、伝える努力もしたのですが、結局歩み寄ることができず、デザイナーさんが推《お》すもので妥協してしまいました。最後にわかったのは、そのデザイン自体が美しいか、どう世間で評価されるか、有名なデザイン誌で紹介されるか、などがその人にとっては意味のあることだったということでした。

複数の人間が参加してチームで仕事をする場合に一番大事なこと、それは「仕事が真ん中」にあるということだと思います。社内でも、会議で話し合いをしているときにうまく話がかみ合わないとか、良いものができあがる感じがしないという場合は、往々にして「仕事が真ん中」になっていません。

ある程度人数のいる会社では、営業部、商品開発部、マーケティング部などに分かれていて、部署ごとに仕事の進捗や検討事項について発表し合う定例のミーティングをすることがあると思います。そういうときに、「営業部としては、そういう売りにくいものは困るんですよね。価格設定も高いし」「商品開発部としては、コストよりも、とことん品質にこだわったものをつくりたいと思います」「マーケティング部としては、新商品のＰＲ予算が足りていないので、あまり派手な広告は打てません」などと、まったく内向きの発言に終始することが意外と多いのではないかと思います。同じようなことは部署のあるなしにかかわらず、会社の大小にかかわらず起こりがちです。

そこに欠けているのは、「仕事が真ん中」という意識です。そこに向かってみんなが発言したり考えたりするという、思考の方向性ともいえます。それは単に売上を上げるとか、新商品を出すとか、そういうことでなく、その仕事はどんな意味を持っているのか、その仕事の本質とは何なのか、何を目指しているのかということです。

会議室のテーブルの周りにみんなが座っていて、そのテーブルの上に仕事の本質がきちんとのっていること。それを参加者全員が共有できていること。それが、プロジェクトや会議がうまくいくための、鉄則だと思います。

第七章

女、社長になる

社長になった

「僕が会社を始めてから下した一番いい決断は大瀧さんを社長にしたこと」

前社長の若松さんは、いろいろなところでそう公言して憚《はばか》りません。まあ、ありがたいことではありますが、それって起業した本人としてどうなの？　ちょっと無責任なんじゃないの？　と、疲れて機嫌が良くないときには思ったり、本人にも文句を言ったりしています。

先日たまたま、五、六年前に撮影したある写真をめぐってふたりで話をしていたとき、「実際にはあの写真を撮影したときから、この会社はもう大瀧さんの会社だったよ」と言われて、懐かしく当時を思い出しました。

それまで、商品ボトルのカットやイメージ写真などは、会社の会議室に安い撮影セットを置いて私がデジカメで撮影したり、知り合いのカメラマンさんに安くお願いしたりしていました。何とか使えるレベルにはなっていたものの、それらの写真に、私はいつも不満を感じていました。「もっとこの商品の素晴らしさを表現できるようにとれたらいいのに。これじゃあ商品がかわいそう」。

あるとき、その思いを若松さんにぶつけてみました。私の強い口調に押されたのか、「それなら思いきってお金をかけて、一流のところでとってもらおう」ということになりました。売上もまだまだの時代に、一五〇万円以上もの大金をかけて撮影をしようというのです。

素晴らしいスタジオで、何名ものプロの方々に構図から小物からライティングまで、何もかも完璧にセッティングしてもらい、イメージ撮影用のモデルさんもすでに到着しています。何度も丁寧に、セッティングや光の当て方などを細かく調整しながらとり直してもらった最後の画像を現場のモニター画面で確認したとき、思わず涙があふれてきました。我を忘れて、しばらく見とれている私を見た若松さんは、「僕には、そこまでの思い入れはなかったなあ」としみじみ話してくれました。

とはいえ、いつ社長交代の現実的な決断をしたかは、本人にもはっきりとしたことは思い出せないようです。ただ、きっかけとしては、自身の執筆活動が忙しくなってきたのと、さらには東日本大震災の影響が大きかったようです。ある日突然、自分が働けなくなっても、商品は届け続けなければいけない。自分以外にもうひとり、会社のすべてを知っている人間がいなければ……と思ったこと。

そう言われても、私には「社長になりたい」とか「社長と呼ばれて嬉しい」などという気持ちは、これっぽっちもなかったですし（実際、会社では「社長」でなく「純子さん」と呼んでもらっています）、想像もしていませんでしたし、どうにか断れないかと思っていました。それでも、「どうしても」と繰り返し要望され、最後には諦めて、「できることしかできませんけど」と伝えて、お受けすることになりました。会社がスタートして十年目のことでした。

最悪の事態

社長になって一年がたち、慣れるとまではいかないまでも、何となくやっていけそうに思えていた頃、その事件は起きました。

「商品の回収」です。

自動車メーカーのリコールのニュースなどはよく聞きますが、自分たちにも降りかかってくるとは夢にも思いませんでした。

幸い、異物混入や健康被害につながるものではなかったのですが、法律の改正を見落としていたために、サプリメント（食品）として使うことが認められていた「アシュワガンダ」というインドのハーブが、医薬品の区分に移動されていたことに気がつかなかったのです。改正の告知から一年以上、施行から四ヵ月近くが過ぎて初めてそれに気がついたという、何とも間抜けな話です。

じつは私が社長になってほしいと要望されたとき、「法律に違反しているような事項がないか、すべて再確認しておいてもらえますか？」と若松さんにはお願いしていました。輸入や法律に関することは、社長である若松さんがずっとやってくれていましたので、そのようなチェックも彼に任せていました。ところが区分変更の通達文書では、そのインドのハーブがなぜか聞いたこともないような別の呼び名で書かれていたため、見落としてしまっていたのでした。世界中で長く使われてきた安全なハーブという認識だったため、思いもよりませんでした。

忘れもしない二〇一三年のゴールデンウィーク直前、たまたま開いたサイトでそのことを見つけた若松さんは、慌てた様子で私を内線で呼び出しました。「大瀧さん、これってどういうことだろう？」。最初は軽い感じで話していたのですが、別の情報サイトからも確かめていくうちに、重大なミスを犯していたことが判明したのです。

「嘘でしょ……」と私は力なくつぶやき、すぐにスタッフを部屋に集めて、ことの顛《てん》末《まつ》を説明しました。

その後すぐに、商品の販売を停止し、卸し先にある在庫をすべて引き取り、お客様にも「返品・返金のご希望にはすべてお応えします」との案内を出しました。都庁にも出向いてお叱りを受けました（とはいっても、担当者の方もはじめは何のことかわかっていない様子でしたので、やはり別名はわかりにくかったのだと思います）。

これは今でも本当にありがたく思い出すことなのですが、お客様からの返品はほとんどありませんでした、逆にクレームとしてあったのは、「なぜ売ってくれないのか」「べつに法律違反でもかまわないから売ってほしい」というものでした。発売から八年、その商品が多くの方に愛されていたことをあらためて感じました。その分、倉庫にあった在庫および回収分のすべてを廃棄しなければならなかったのは、とても辛いことでした。

売上で言えば二五パーセント近くを占めていた主力商品の一つでしたので、売上の落ち込みはもちろん、お客様からの信用も失いかけていました。さらに、仕入れたときに支払った商品の代金、輸送料、関税、廃棄処理の費用など、当社としては莫大とも呼べるほどの損金が出て、踏んだり蹴ったりの状態です。

さらに間の悪いことに、その翌月には引っ越しも予定していました。売上も良くなってきたし、人数も増えて少し手狭になってきたということで、五割ほど広い、同じビル内の別の部屋に移ろうとしていたのです。当然家賃も上がります。フロアデザインの会社にも入ってもらい、すでに机や戸棚類もあらたに注文して、それまでよりもずっと使いやすく快適なオフィスを準備していたところでした。

若松さんは「引っ越しどうする？　やめてもいいよ」と言いましたが、引っ越しはしようと思いました。こういうときこそ気持ちを前向きにしていきたい、いくしかないと思ったからです。やめたときのみんなの落胆する様子を見たくなかったのです。ちょうど一カ月前に入社したばかりのスタッフもいて、こんな出だしになってしまったことに申し訳なさも感じていました。

「やってみてダメそうなら、もっとずっと小さいところに引っ越しましょうよ。ラーメン屋さんの上に戻ってもいいんだし」と若松さんには話しました。これで会社がダメになるなら、少しくらいの家賃を節約したところで変わらないと思いました。多少やけになっていたところもあったかもしれません。ただ、引っ越したおかげで広めのミーティングルームを得ることができ、結果的には後述する別の事業を始めることにもつながったことを考えれば、最悪の状況のなかでの良い判断だったと思います。

全員の成長

「このまま潰れてしまうのかな……私が社長のときに」

そう思うと夜も眠れませんでした。

取引先やお客さんにも謝る日々が続いていて、それも何の落ち度もないスタッフたちにも電話させねばならないことが心苦しくもあり、また、みんなを雇い続けられるのだろうかと思うと自信がありませんでした。

入社以来、これほどの事態が起きたことはありません。たとえ売上が思うように上がらなくても、在庫管理が上手くいかなくても、それらは時間が解決してくれたり、みんなで力を合わせることで十分に乗り越えていけたりすることでした。けれども今回は明らかに、それらとは違いました。

でも、幸いなことに、私はひとりではありませんでした。

一緒に先々を考え、どうにか責任を果たそう、自分でその穴を埋めようと必死に考えてくれている若松さんがいつも近くにいました。「もっとしっかりしてください」と口では責めながらも、その誠実な態度には心を打たれました。

スタッフも誰ひとり、文句や不安を口にする人はいませんでした。もちろん、内心ではそれぞれに不安を抱えていたことと思いますが、みんなでできるかぎり明るく慰《なぐさ》め合い、笑い合いました。

とにかく主力商品の一翼《いちよく》を失った売上の穴を少しでも埋めていこうと、他の商品のキャンペーンを必死になって続けました。同時に、毎週ミーティングの際に、全員に経費削減案を発表してもらうようにもしました。

ある意味、それまではいろいろなことがどんぶり勘定で、細かな経費にまで目を向けてきませんでしたが、この機会に見直してみると、節約できるものが次々と判明しました。たとえば、それまでは会議のたびに全員分の資料をプリントアウトして配っていたところを、プロジェクターに資料やデータを映すだけにしました。お客様へのキャンペーンや新商品の案内も、以前はチラシを封筒に入れて百何十円と費用をかけていたところを、ハガキだけに変えました。送付する人数が多いと、その差額もバカにはなりません。それがかえって功を奏して、「小さなスペースに情報がまとまっていて以前よりわかりやすい」とのお声をいただいたこともあります。

さらに、社内でできる仕事は社内に戻しました。そのおかげで、ほとんどのスタッフが自分でデザインソフトを使ってキャンペーンハガキのデザインまでつくれるようになり、この時期、みんなのスキルは格段に上がったように思います。努力の甲斐《かい》があり、経費も二〇パーセント以上削減することができました。一方の売上も、何とか形になる程度には回復してきました。

アメリカとも何度も電話会議をして、こちらの状況を説明し、協力を仰ぎました。具体的には、まずは一回の発注量を減らしてもらいました。大型の機械でつくるため、少ない量でもランニングコストは同じだけかかるのですが、できるだけ価格を上げないでほしいと頼み、さらに、減らした発注本数を二回に分けて輸入させてほしいと交渉しました。

一度に四万本、五万本と輸入していたこともありましたが、すべてを売り切るまでを想定すると、日本での倉庫のコストがかなりかかります。また、万一、何かの事情で販売できない、というような事態が起こった場合を想定しても、一度に製造する本数も輸入する本数も、少なければ少ないほどリスクは減らせます。それまでは、そのようなことを希望したことはありませんでしたが、長年培《つちか》ってきた強力な信頼関係があったおかげで、先方もできるかぎりのことをしてくれたと思います。

ギリギリまで追いつめられて、繊細な交渉にも必死に挑戦し、思いつくかぎりの販促活動や経費削減をできるかぎりすばやく実行に移していくなかで、スタッフも私自身も成長し、何より会社自体が、それまでよりも強くなったと実感しています。

大失敗から生まれた新事業

法律改正の見落としの件は、たとえ若松さんでなくても見つけることは難しかったと思います。ですので、起こってしまったことは仕方がない、これからは私もしっかり見ていこうと心に決め、徐々に気持ちも落ち着きを取り戻していきました。ただ、減った売上を埋められるような別のアイデアを考えつく必要には迫られていました。

他のブランドの商品を仕入れて販売したり、オリジナル商品を開発したりもしましたが、そう簡単に売れるものでもなく、かえって在庫が増えてしまいました。何か新しいことのできそうな人を採用する予算もありません。費用をかけず、今いる人たちだけで実現できる仕事は何か……。

そこで思いついたのが、「読むと書く」という大人の文章教室です。文章教室といっても、一般にイメージされるような小論文の書き方の指導だったり、手本に倣《なら》って学んでいったりするようなものとはまったく異なります。なかなかわかりやすい説明が思い浮かびませんが、その人の心の奥深くに潜《ひそ》む言葉にならない想いを言葉にしていく、そんな営みを促す講座とでも言えるでしょうか。参加しないと実感していただくのは難しいかもしれません。

以前から、若松さんを講師に、何か学校のようなものをやってみるのはどうかな？と提案をしてきました。当時すでに彼は文芸批評の執筆を中心に活動を始めていて、コアなファンも獲得していました。ただ、実際にはどんなふうに始めたらいいものか、会場やカリキュラムやテキストをどうするかなど現実的な案が考えられず、先延ばしにしていたのです。「今こそそれを実現するときだ」と私は思いました。若松さんは「自分にできることは何でも協力する」と約束してくれました。

やるからにはしっかりと売上にもつなげたい。たくさんの売上がほしければ、当然大規模でおこなうほうがいい。一〇名よりも三〇名、あるいは一〇〇名でもできるやり方はないかとまずは考えてみました。

ただ一方で、来てくださる生徒さんはみな若松さんと近くで直接話がしたいはずだとも思いました。文章の指導も個別にしてほしいはず。若松さん自身、一人ひとりの文章の良いところを見つけるのがとても上手で、そこが彼の、ほかの人にはない才能だと以前から思っていました。

単に人数を追っても、参加した人たちが満足感を得られるものでなければ続きません。それなら少人数でやりましょう、その分ほかでは体験できないような特別な講座をつくりましょう、ということになりました。

経費も時間も最小限の準備でできる方法をあれこれと考えた結果、場所は会社のミーティングルームを使い、テキストは「本」自体にしました。こんなにも世の中に素晴らしい本があふれているのだから、わざわざ一からテキストをつくる必要もない、とかなりシンプルな案に落ち着いたのです。

最初は八名一クラスだけで始めた教室でしたが、二年弱がたった今、その八、九名のクラスが月平均六コマ、外部で場所を借りて四〇名程度でおこなう講演会が月に一回、二〇名程度でおこなうものが同じく月に一回の開催となっています。売上欠損分を埋めるほどの収益は出ていませんが、社員一・五名分の給与に相当するほどの事業にはなりました。

同時並行で若松さんの書く本も次々と出版され、今では十数冊が販売されています。外部から依頼される講演会やカルチャースクールの講師などとしても精力的に活動し、さらには、大手新聞社の書評委員を務め、新聞でのエッセーの連載も始まりました。そのうえ、伝統ある文芸誌の編集長もしています。多忙になる前は、母校の慶應義塾大学で教壇にも立っていました。

見えない力に導かれるかのように、若松さんは若松さん自身の道を歩き出しました。不思議なもので、ことのはじめをさかのぼれば、あの大失敗につながっていくのですから、人生、何が功を奏するのかわからないものだと、つくづく思います。

場をつくる

社長になったとき、若松さんからは「大瀧さんの好きにやっていいから」と言われたのですが、それまで、社長である若松さんの希望することを実現するのが自分の仕事と思ってきた私には、「こういうことがしたい」というのはとくにありませんでした。そういう意味では、自分の意志、強い希望というのは今もないのかもしれません。

むしろ、社長になってより強く思うようになったのは、好きなことや、やりたいことが仕事の中心になくても、仕事のなかでそれらを見つけていくことができる、ということです。

たとえば「読むと書く」の講座にしても、私自身は文学好きでもありませんし、たまたま今回、本を書かせていただいていますが、もともと文章を書くのが好きだったわけでもありません。読書家でさえありません。大きな声では言えませんが、若松さんの本も読んだことがあるのは一冊のみで、新聞に書いているエッセーも書評も読んでいません。「読むと書く」の講座で取り上げる、井筒俊彦や小林秀雄にも関心がありませんし、ニーチェにもゲーテにも、とくに親しみは湧いてきません。

ですが、たとえ自分には興味のないテーマでも、その講座の企画や運営については、参加してくださる生徒さんたちの楽しむ顔を想像しながら、できるかぎりの準備をしています。

そう考えると今の私の仕事は、喜ぶ人がいる、誰かの才能が光る「場」をつくることなのかもしれません。


ここまでいろいろと書いてきていますが、今のうちのスタッフに「私はこういうふうに考えて仕事をしています」という話をしたことはまだ一度もありません。私の役目として大事なのは、何を言うかではなく、「働きやすい場をつくれているかどうか」だと思うからです。

場がいいと、人はいい仕事をするものです。逆に場がダメだと力を発揮できません。

うちの会社も昔はそんなにいい場ではなかったですし、ほかの会社も見てきて思うのは、何となくどんよりしてやる気のない職場や、人間関係がギスギスしている職場というのは、案外多いということです。

みんなすごく疲れていて、不満そうで、不健康そうで、上司がときどき大声を出して怒って……そういう場でいい仕事をしろと言っても、なかなか難しいと思います。

新しく人が入っても、場が悪いと、まずは人間関係の気遣いや職場の暗黙のルールなど、「その場に慣れること」から始めなければなりません。本来の仕事よりもそちらにエネルギーを取られてしまうというのは、仕事上、ひいては経営上の大きな無駄です。私としては、限られた時間のなかで、無駄なエネルギーや時間を費やしたくないですし、スタッフにもそんなところで大事な能力をすり減らしてもらいたくありません。とくに社長になってからは、とにかくいい場がつくりたいと願ってきました。

イメージとしては農業でしょうか。土壌改良で土を良くすると、美味しい野菜が穫《と》れます。そんなイメージで「場」に目を向けて耕していくと、時間はかかるけれど、大きな変化は必ず生まれると思います。

「決める」ではなく「決まる」

経営というと、次々いろいろな判断を迫られてジャッジしていくのが仕事だと思われがちな気がします。ですが私にとってはむしろ、「すぐに白黒判別しないこと」「問いのなかに居続けられる力」が、仕事のうえで、とくに経営者には大事なことなのかなと感じています。そしてこれは、判断するよりも数倍も負荷が大きいのです。

考えてみれば人生も、「生きるべきか死ぬべきか」どちらかを選ぶのではなくて、「生きるとはどういうことなのか」をずっと考えて生きていくこと、問い続けることに大きな意味があるのと同じかなと思います。

息子が小学生の頃、登校拒否になったことがありました。担任の先生と合わなかったようで、本人としては非常に理不尽だと思うことをされて、家に帰ってきて「もう学校なんて行きたくない！」と泣き叫びました。

親としてはものすごくショックなことで、かなり気持ちが揺さぶられました。そんな大げさな、と思われるかもしれませんが、そのまま学校に行かないということだってあり得るし、息子の将来はどうなってしまうのだろう、と暗い気持ちになりました。

そのまま夏休みに入ってしまったので、私はその先生に手紙を書こうと思いました。「息子はこういうことで学校に行けなくなってしまいました。先生はどうお考えですか？　息子の気持ちも考えてやっていただけませんか？」と。でも書き終えると、「やっぱりこれは出さないほうがいいのではないか。先生も傷つくのではないかしら。息子にも良くない影響があるかもしれないし」と思い直します。書いては消し、書いては消しというのを、夏休みの間中、一カ月以上やっていました。

そのうちに、「この手紙は出さないほうがいい。でも思い悩んだことに意味はあったのかもしれないな」と思い始めたのです。結局、出さずじまいでした。

ところがその後、息子と先生の関係は良い方向に変わっていきました。どういう経緯でそうなったのか、私にはいまだにわからないのですが、手紙を出していたらそういうことは起こらなかっただろうなと思います。

その時期にあまりに悩んだおかげで私は人生初の円形脱毛症になりましたけれど、もしかしたら息子も、私がそうやって悩んで、書いては消していたのを見ていたのかもしれません。

今思えば、私がしていたことは、真剣に「時を待つ」ということではなかったかと思います。中途半端な状況のなかで「待つ」ということが、ときには最適な解を得る方法なのかもしれません。今は決められないことをずっと持っていくと、「決める」というよりも「決まる」。

「決まる」ときというのは、周囲の状況が整ってきて、一番無理がなく、そこに焦点が合ってきます。やっぱりこれしかないだろうな、これで行こうという気持ちになる。先の若松さんの「読むと書く」教室はまさにそれです。きっかけは「大失敗」でしたが、やはりあれも、今あるものやできることに焦点を絞り、かつ「今こそ」と状況に背中を押されたからできた形です。

スピード感のある現代社会においては、その「待つ」ということもなかなか難しくて、現実的に今決めなければならない問題などもあります。ですが、もうちょっとロングスパンで考えてもいいことも多くあって、忘れたり思い出したりしながらずっと待ってみるのも、いいのではないかと思います。

私たちの会社は植物由来の製品を扱っていますが、植物の成長には、気温や雨の量、日光など、さまざまな環境や要素が整う必要があって、いくら「早くしろ」と言っても早くなりません。同じように、物事が解決したり何かを決める時期というのも、時を待たないとダメということも多いと思うのです。それを無理やり、まだ種なのに収穫してしまったら台無しです。そこは信じて待つしかないのです。

今の会社、今のビジネスのあり方についても、ずっと考え続けています。何となくうまくいっていて、売上もそこそこ立っているからこれでいいと納得している反面、これがベストな形なのか、やり方なのかという問いが、繰り返し頭のなかに現れてきます。もっといい方法、いい方法というのは、より多くの幸せを生めるような、そして持続可能で最適なやり方というのが他にあるのではないかと考えたりするのです。

つい最近、何となくそのヒントをつかんだように思えてきたのですが、それがはたして実現可能なのか、いつになるのかはまだわかりません。もう少し時を待つ必要がありそうです。

第八章

女、ずっと仕事する

不安も、あったほうがいい気がしてきました

少し前に、ある写真集を開いただけでワーッと涙があふれてきて、自分でも驚いたことがありました。広島に原爆が落とされたときに亡くなった人々が着ていた洋服をとった作品集（『From ひろしま』石内都さん）だったのですが、焼けた女学生のセーラー服や花柄のワンピースがまるでそれ自体、生きているように、強烈な輝きを放って目に飛び込んできました。

ゆらゆらとした深い悲しみが一気に体中に流れ込んできて、頭で考えるより先に、全身から感情があふれ出していました。もともとそんな感激屋さんではなかったので、思いもよらない反応に戸惑いましたが、同時に、「こんな私もいるんだな」と新しい自分に出会ったようで、新鮮な気持ちにもなりました。

四十代も後半となり、更年期と呼ばれる時期を迎えて、これまでとは心身ともに変わってきているのを感じています。たとえば、臭いに敏感になって気分が悪くなったり、電車内で急に呼吸がしづらいように思えて、途中駅で降りてしまったり。四十肩にもなりましたし、初めての腰痛も経験中です。朝から元気がない日や、心までだる

くなってしまうような日もあります。もちろん不快といえば不快ですし、不安にもなりますが、まだ少し楽しむ余裕もあって、「そういうことがあってもいいかな」と思ったりもしています。

十代、二十代、三十代と振り返ると、過去にも何度か体調の悪い時期や精神的に不安定な時期がありました。

大学に入学した当時、三、四カ月の間でしたが、食べては吐きの摂食障害を経験しました。出産後には産後うつのような状態になり苦しみました。そして迎えた四十代。ここまではわりと調子が良かったように思うのですが、ここから先のことはわかりません。知り合いでも、五十歳前後の更年期にうつ病になった人も何人かいて、けっして他人事《ひとごと》ではありません。

ですが、悪いことばかりでもないという気がしています。この五十代一歩手前という年齢になって、女性としても、仕事人としても、これまで培ってきた人との関係や、痛い目に遭いながら学んできたさまざまな経験を生かして、器用に、とまではいかずとも、少しは上手に、言葉で伝えたりエネルギーを使ったりできるようになってきた気がするのです。

どちらかというと強い人と思われることも多いのですが、自分としては、迷いに迷って生きてきました。表向き、さんざん迷ったあげくの最後のところだけを見れば、決断力があるとか、思い切りが良いとか、他の人にはそんなふうにも見えているかもしれません。

心配症でもあるので、もっと気楽に生きられたらそのほうがいいのに、深く考え込まずにあっけらかんと生きられたら、どんなに気持ちがいいだろうと思った時期もありました。

でも今になって思うのは、安定しないから変わっていけるということ。その不安定さのなかでこそ、より敏感に感じられることもあって、新しい一歩を踏み出す勇気がもてることもあります。更年期の揺れは、これから先の人生に必要なことかもしれないと思うのです。

感動したときのようなポジティブな場合も含めて、ちょっとしたことですぐ涙が出るとか、思わぬところに感謝が湧いてくるとか、以前より感情の振り子の揺れ幅が大きい分、さわれるところも広くなったように感じています。

女性の人生は本当に変化が激しいものです。結婚、出産、育児などライフステージや役割の変化だけでなく、年を重ねるごとに心も体もいつも変わっていて、それに慣れようと自分を追いつかせるのに苦労します。そんななかで仕事をし続ける、ということはひとつのチャレンジでもあります。

だからこそ、女性が女性であることを誇らしく思えるような、それがメリットであると感じられるような働き方、生き方をしていきたい。出産、家事、育児、介護、そして更年期も含んで、女性ならではの経験や感じ方や考え方を堂々と仕事に持ち込んで、今よりも少しだけ女性的な社会、女性だけでなくみんなが働き続けやすい会社が増えていくといいなと思います。まあ、私もまだまだ経験不足、やっと更年期の入り口に立ったばかりですから、偉そうなことは言えないのですが……。

人生は自分に何を期待しているか

あるとき、成田空港内の書店で、一冊の本と出会いました。精神科医で思想家でもあるヴィクトール・フランクルというユダヤ人が書いた『夜と霧』です。世界中でベストセラーとなって、日本でもとても多くの人に読まれてきた本ですが、私としてはなんとなく題名がかっこいいと思ったくらいで、中身はたいして気に留めず機内に持ち込みました。

学生時代には、恋をしたり、壁にぶつかって悩んだりすると、よく本屋さんに行きました。その後、仕事や家事・育児と忙しくなり、またインターネットなども使うようになってからは、そういう機会もめっきり減って、真面目な本を読むのは年に三、四冊。両親ともほとんど本を読まない家庭に育った私は、やはりまったく読書家ではありません。この本に出会ったとき、私は無防備なほど何の準備も心構えもなく、お気に入りのファッション雑誌と一緒に軽い気持ちで購入したのでした。

そこに書かれていたのは、第二次世界大戦中のユダヤ人強制収容所での凄《すさ》まじい体験でした。けれどもその主題は、起きたことの悲惨さを世間に訴えることではなくて、明日自分が生きているかもわからない苛酷な日々においても、人は自ら、どう生きていくのか選ぶことができる、それが人間に与えられた最良のギフトなのだ、ということでした。

その頃は、会社も主力商品が売れ出して、売上的にもある程度数字が見込める状況でした。ですが、何か自分の思いどおりにいかないような物足りなさや、健康面などでも将来への不安を感じていた時期でした。少しがんばりすぎたのが祟《たた》ったのか、喉の近くに「嚢胞《のうほう》」という水が溜まった大きなコブができてしまい、精密検査を受けた頃でもありました。幸いなことに大事にはいたらず、水も抜いてもらい、その後はとくに問題はありません。

年齢的にも四十歳前後の、女性にとっては節目の年齢で、ホルモンの状態も変わり、体調にも変化が出ていました。疲れやすくもなり、仕事にも何となく気持ちが乗らないな、という状態が続いていたのです。子どもも中学生になり親の手を離れて、少し心に隙間風《すきまかぜ》が吹いていたのかもしれません。

その本に書かれていた、人生に何かを期待するのではなく、人生が自分に何を期待しているのかを考える、という一節が私の心に深く突き刺さりました。それまでまったく考えてみたこともないことでしたし、同時に、そのときの私が求めていた言葉でもあったように思います。

とはいえ、この文章に出会ってすぐに私の人生や仕事に何か変化が起きたわけではありません。ただ、ときどき気まぐれに気になった本を手に取るだけだった私が、フランクルの本は次から次へと貪《むさぼ》るように読み続けました。カラカラに乾いていた心に、恵みの雨がしみわたっていくような、そんな感覚がありました。

フランクルの言葉との出会いは、心の奥に小さな種を植えてくれたような、そんな思いがしています。失敗を繰り返しながらも自分なりに懸命に日々を生きていくことで、種は芽を出し、成長し、そして春になって小さな花を咲かせました。それは私だけに見えるのですが、確実に自分の生き方を変えていったと思うのです。

自分を表現したい?

三年前に社長をバトンタッチされて、はじめは「めんどくさいなあ」と思っていただけでしたが、あるとき、自分の手足が縛られているような、ものすごく不自由な「私」になっていることに気がつきました。

それまでは一スタッフとして、プレイヤーとして、自分のなかから出てくるアイデアを実現したり、新しいことにチャレンジしたり、もっとアクティブに仕事をしていたと思います。それが社長になってからは、会社を「守る」ということが自分の役割、とにかく確実に、リスクを減らして、世の中の変化に対応して、ということばかり考えています。それは今も続いていて、時々どんよりしてしまいます。

ひと言で言えば、「全然楽しくない！」。

のびのびと、できたらうんと無責任に、好き勝手に生きてみたい、と子どもの頃から憧れてきました。それは自分の性格の裏返しなのかもしれません。小学校の新聞係で夜までひとり残業（？）してしまうような、生真面目で責任感の強い子どもでした。ただ、現実の生活では制約も多いので、うまく折り合いをつけながら、という感じになるのは致し方ありません。それを理解しながらも、自分が何を考え行動するかをものすごく制限されているようで、自分らしさまで失ってしまいそうに感じました。実際には、誰かにそうされたわけでもなく、自分で自分を縛ってきたというのが、社長になってからの日々でした。

社員数は少ないとはいえ、住宅ローンを抱え、生活がかかっている四十代の男性スタッフや、子どもを産み育てながらも自分の可能性を開花させようとがんばっている女性スタッフもいます。それぞれがいろいろな事情を抱えています。

もしこの会社がなくなり、商品を販売できなくなれば、取引先の方々にも迷惑をかけるし、長く使い続けてくださって、これなしにはやっていけないとおっしゃってくださる多くのお客様にも、本当に申し訳ないことになってしまう……。そんなことを考え始めると、この先どうしたら、今の良い循環を壊さずに続けていくことができるのだろうと、守る責任に気持ちが重たくなることがあるのです。

守るとは、変わらない、何もしないということではなくて、世の中の移り変わりや求められていることに常に対応していくということ。より深く考え、慎重かつスピーディーに、ときには大胆に決断し実行していくことが求められます。そのプレッシャーとストレスは、想像以上に大きいものがありました。

以前はもっと気楽な気持ちでいられました。パーッとやって、ダメならまた違うことを考えればいい、それで会社が立ち行かなくなったら私が辞めてもいいし、くらいに思っていました。ところが、もう私ひとりの問題ではないということに気がついた途端、身体が硬直してしまうような気分になり、考え方も急に狭められてしまいました。

ですから、不器用な私が毎週京都まで織り物を習いに行こうなどと思いついたのは、感じていた不自由さと無関係ではなかったと思うのです。

中学高校を通じて、苦手な科目は家庭科。とくにお裁縫が苦手で、今でもボタン一つ付けるだけでも大さわぎです。それに加え、それまで趣味というものも持っていませんでしたし、持つことに興味も必要性も感じたことがありませんでした。「趣味は仕事！」と周囲の人にも言っていました。そんな私が織り物とは、家族はもちろん、自分でも驚きました。

募集のパンフレットを見たときに、一瞬で決めてしまいました。考えるより先に、「ここに行きたい！」と、まさに一目惚れ。こんなことも初めてでした。

そこには、色鮮やかな絹糸や見とれてしまうほど美しい着物の写真が載っていて、普段ではとても習うことなど叶わない、人間国宝の志村ふくみさんの指導も受けられるということなどが書かれていました。そんな学校は他にはないですし、女性なら多くの人が憧れる世界だとは思います。ただ、それまで志村先生の本を読んだこともなければ、手仕事などとはまったく縁がなかった人間が、東京から京都まで、毎週末をつぶして行こうと思うのは、やはり普通のことではなかったと思います。いろいろな意味で贅沢なことではありましたが、もしその出会いがなかったら、おそらく私はすでに会社を辞めていたと思うのです。

物理的にというだけでなく、気持ちのうえでも、自分だけの時間がほしかったのはたしかです。東京から離れて、静かな場所で、自分らしさを取り戻したいとも願っていました。求めていたのは自分を自由に表現すること、だったのか、自分を通じて何かを表現すること、だったのかはわかりません。

通い続けていくうちに、そこは織り物の技術を学ぶというよりも、植物で糸を染めたりその糸で裂《きれ》を織ったりするなかで、美にふれ、真剣に自己と向き合う場所になりました。

週に一度、四カ月かけて、不格好ながらも四メートルの裂を織り上げ、信玄袋《しんげんぶくろ》やテーブルマット、ブックカバーなどに仕立ててもらいました。ものをつくり出す喜びはもちろん、それだけではない、仕事でまったく欠乏していると感じていた「何か」がそこにはありました。

そういうことの影響は、すぐにはわからないものです。でもあれから二年近くがたって、やはり、何かそれまでとは違う道が開けてきたのだと思います。それまでの私とは違うやり方、違う視点、新たに見えてきた大事なこと、そこに自分を生かすことができるのかな、と。今はまだぼんやりとしかわからないのですが、ここでしばらく生きてみようと思えるようにはなっています。

最近、「この会社は大瀧さんそのものだよ」と若松さんに言われて、「へー、そうかな？」とちょっと嬉しくなりました。同時に自分が何をしてきたのかも、少し見えてきた気がしています。

本物との出会い

先日、かねてからの念願だった、ノートルダム清心学園理事長の渡辺和子さんとお話しする機会をいただきました。

『置かれた場所で咲きなさい』が一五〇万部を優に超えるベストセラーとなり、読まれた方も多いかと思います。多忙をきわめるなか、初めて会う私にも気さくに話しかけられ、しみじみ考えさせられるような意味深いお話から若き日のボーイフレンドのお話まで、切れよくユーモアいっぱい、笑ったり涙したりと、忘れがたい特別な時間となりました。

じつは渡辺さんにお会いする前に、長島愛生園《ながしまあいせいえん》というハンセン病患者の療養所に住む、ひとりの女性を訪ねていました。宮崎かづゑさん。きっかけは、料理研究家で作家の辰巳芳子さんを取り上げたドキュメンタリー映画「天のしずく」に出演されているのを拝見して、お会いしてみたいなあ、と思ったことでした。もう八十歳を過ぎていて、お元気なのですが、手の指は失われ、足も足首から下はなくて、目もほとんど見えず、鼻も変形しているような感じでした。

せっかくの機会を前にして、私は少し「怖い」ような気がしてしまいました。そういう方に会ったときに、失礼な反応をしてしまうのではないか、ちょっと目を背けたり、相手の方にイヤな思いをさせるようなことをしたらどうしよう、という気持ちが湧き上がってきたのです。

でも実際にお会いしてみると、まったくそんなことはありませんでした。悲惨さというものはなく、朗らかで穏やかで、ユーモアがあって。十歳に満たない頃から、伝染病患者だとして家族から引き離され、療養所に入れられて、今となっては非科学的な、いわれのない差別を受けて、ずっとその施設で暮らしています。宮崎さんはそんなご自身の人生が「本当に幸せだ」と話されました。

帰るとき、指のない手で握手をして、そっと私の身体を抱きしめてくれました。とても名残《なごり》惜しそうに、仲の良い優しいご主人と一緒に見送ってくださり、「また来てくださいね」と抱えきれないほどのマスカットをいただいたことが思い出されます。

表面的なことで言えば、まったく正反対のふたり。かたや大学の理事長でもあるシスターで、本を書けばベストセラー、マザー・テレサが来日したときには通訳を務めるなど、はたから見れば華々しく活躍されてきた女性です。そしてもうひとりは、昔は不治の病と恐れられたハンセン病患者で、身体も不自由ななか、偏見と差別にさらされて、療養所で一生を送る女性。それなのに、ふたりはどこかとてもよく似ていると感じました。

大きな安らぎというか、やわらかな光というか、温かさをたずさえて、何か懐かしささえ感じられる自由な魂を持っている。自由なだけではなくて、勇気があって、旺盛なエネルギーを蓄えている。ふたりとも通常ではあり得ないような制約のなかで生きているのに、それがあるからこそ自由であるというふうに見えるのです。

状況や環境や与えられた身体は人それぞれ違うけれど、それらをすべて受け入れて、その人生を最大限に生きている人。そういう人と会うというのは、ものすごく大きな経験だと思います。

ビジネスや仕事でも、感じる力を磨くことが大切だ、ということは先にもふれましたが、その助けになるのが、本物を見る、本物にふれる、ということです。美しい音楽や絵や織り物や器や言葉、詩、あるいは夜空に光る満月や夕焼け、森の奥深くにある大木や道ばたに咲くタンポポなどの自然。そして人間もまた自然の一部であって、「本物」と呼ぶにふさわしい人がいます。

生花と造花のように、本物と偽物がいるわけではないけれど、人間として与えられた器、与えられた生をまっとうしている人。その生き方、考え方に感動さえ覚えるという人は、有名無名にかかわらず、少なからずこの世に存在しています。私たちがそれに気がついて、自分から一歩、たとえ半歩でも踏み出せば、いずれ出会えるように思います。

渡辺和子さんにお話をうかがった際、とくに印象に残ったのが「何に価値を置くか、価値観の転換なのです」という言葉でした。

今、社長という立場に置かれている私は、自分が何に価値を感じ、何を大切にし、何を求めていくのか、逆に何を追わず、何を捨てていくのか、ということを日々問われています。

そのなかで、本物との出会いは、ビジネスのあり方や仕事上での判断にまで大きな影響を与えうるということ、表面的にはまったく無関係に思えても、深いところではつながっているということが、少しずつ見えてきたのです。

私が私であること

職場や仕事内容や待遇に不満を感じていて、今の会社を辞めようと思っている人や、辞めるに辞められず、大きなストレスを抱えたまま仕事を続けている人も多いと思います。

じつは私にも、そういう気持ちになるときは今もあって、ときどき転職サイトをのぞいたりしています。「ほー、年収八〇〇万～一〇〇〇万、化粧品会社の本部長か、これいいなー」と思ったりして。

とても現実的とは言えませんが、旅行好きの人が実際には出かけられなくても旅の行程をつくることで楽しんだり、気を紛らわせたりするように、私も転職する「気分」だけ味わったりしているのです。一種の逃避行動なのかな、とも思います。

二十代、三十代は「自分探し」にはまっていました。「今の私は本当の私ではない。もっと輝けるはず、もっと私らしい生き方ができるはず」と思っていたのです。そうなると現在の生活は霞《かす》んで見えてきて、一日でも早く違う世界、私が一番輝ける世界に飛び出したい、といてもたってもいられなくなります。かといって、何をしたらいいのかもわからない、ウツウツと煮詰まるような日々がありました。

転職もしましたし、「趣味はない」と前に書きましたが、よくよく思い出してみると、夫に誘われてソーシャルダンス（それも競技会に出るもの）を十年も習っていましたし、アメリカに住んでいた頃はトールペイントを習い、他にも、『源氏物語』を古典で読む講座、話し方教室、織り物教室、料理教室、英会話、フランス語会話、着付け教室、ヨガなど、さまざまな習い事をしてきたことに気づきました。私にとっては「趣味」ではなく「習い事」という感じなのですが、夫の希望でしぶしぶ続けたダンス以外は、どれも短期間で辞めてしまいました。

飽きっぽくて続かなかった、というのもあると思いますが、行ってみたら「気がすんだ」ということもあったように思います。自分を変えたい、その糸口になるものはないかと思い、いざ始めてみると、「これじゃなかった」という思いと「まあ気も紛れたし、いいか」という思いと半々でした。

子どもが中学に入り、私も自分のために何か始めてみたい、それも勉強したい、そうだ、心理学卒を生かして大学院に通って臨床心理士の資格を取ろう、と思ったことがありました。「私が求めていたのはこれだ」と思い込んで、家族に嬉々として話したところ、すぐに反対されてしまいました。

それまで私なりに仕事と家庭、さらには子どもの塾の送り迎えまで、自分の時間とエネルギーのほぼすべてを捧げてきたので、「これからは私が私のためだけに時間やお金を使って、もっと輝ける生き方がしたい」と願いました。結局は、仕事や家事との両立も難しいだろうということで、諦めざるを得ませんでした。三十代の終わりの頃です。

ここで何かを手にできないと、生活を変えていかないと、本当の私を見つけることはできなくなってしまうと焦る気持ちがありました。

実際には、それからの五年間、夏は朝四時半、冬は五時に起きての息子のお弁当づくりが始まり、他のことにかけるエネルギーはわずかも残りませんでした。フルタイムの勤務の後は、大急ぎで買い物をし、夕食を食べさせて、十時を過ぎればもう目を開けていられないほど眠くて、お風呂も入らず倒れ込むように寝る、という生活が続きました。休日は十分な睡眠をとり、身体の疲れを癒すのが再優先です。

そのおかげか、「本当の私」探しは、すっかり忘れていました。

そして今、この二十数年の仕事人生を振り返ってみると、案外私は十分私らしかったように思えてきます。

女性であるがゆえの働きにくさや、会社や社会のあり方にも疑問を持って、道を探しては壁にぶつかったり、賛同者を得られなくて孤独になったり、子育てに真剣に悩んだり、また迷ったり。社長になってからも、一日も早く辞めたいと文句を言いながらも、小さい会社の舵取《かじと》りに毎日必死に頭を使ったり、反省したり、後悔したり。それでも何とか諦めず、それらの経験にしがみついて、前を向いて生きてきました。

社会での常識や制度などにも、そのときどきに「違和感」を感じて、それを持ち続けながら自分なりに考え、反応し、とりあえずの答えを出し、進む方向を決めてきたように思います。

少し離れて眺めてみれば、その違和感こそが、私を私らしく浮き上がらせてくれていたのではないかと思うのです。

彫刻刀で削られたことで、溝に囲まれた部分が最後に絵として現れてくる版画のように、「周囲と違う、私だけこんなことを考えていておかしいの?」「誰も理解者がいなくて辛い」というときこそ、私は誰とも似ていなかったのではなかったか、そこに私らしい私がいたのではなかったか、と思えてきたのです。

あとがき

高校三年生の秋、すでに推薦入学で進学先の決まっていた私は、近所のファミリーレストランでアルバイトを始めました。これが、働いてお金をもらった初めての経験です。不器用なうえに気も利かず、「いらっしゃいませ。○○へようこそ！」の挨拶も恥ずかしくて小さな声でつぶやくだけ。もちろん笑顔もつくれません。

あるときは水道を止め忘れて厨房の床を水浸しにしたり、あるときは食器を片付ける途中にすべり落として割ってしまったりと、まったくドジなことばかり繰り返し、ついに三カ月でクビになってしまいました。

サボっているわけでも手を抜いているわけでもないのに、どうしても上手くいかない。同じ中学の同級生が以前から働いていて、テキパキと仕事をこなし、社員たちとも談笑する姿がとてもまぶしく見えました。

仕事もまともに覚えられず、居場所もつくれないまま辞める切ないデビューとなりましたが、勉強にはそこそこ自信のあった私が、社会においてはこんなにも「使えない」人間なんだと、自分のダメさ加減を知るところから始められたことは、幸運なことでもあったように思います。

あれから三十年、ジグザグ道を危なっかしい足取りで、あっちにぶつかりこっちにぶつかり、ときには立ち止まり、うずくまり、目指すところもなく、それでもただ歩き続け、今ここにたまたまたどり着いて仕事の本を書いている。なんとも不思議な気がしています。

この本の出版には多くの方々のお力添えをいただきました。

エピソードの提供（笑）から文章のアドバイスまでお世話になった若松英輔さん。心からの感謝をあらためてお伝えしたいと思います。いつも私を励まし、味方になってくれた息子の裕也。君がいなければ私は何もがんばれませんでした。私のもとに生まれてきてくれて本当にありがとう。私の仕事人生をずっと支えてくれている夫、見守ってくれている家族たち、そして会社のメンバーにもお礼を言いたいと思います。

最後になりましたが、こんな小さな会社の社長という肩書き以外何もない私に声をかけ、この本を書くチャンスを与えてくれたミシマ社の星野友里さん。はじめは半信半疑で、きっと途中でご破算になるだろうと思っていましたが、最後までしっかりと伴走してくださったおかげで、ここにも「美しい仕事」が生まれました。本当にありがとうございました。

また今日もどこかで、女性たちが迷い悩みながらも成長し、「美しい仕事」に励んでいることを思い描きつつ、筆を置きます。感謝を込めて。

大瀧　純子

二〇一五年五月

大瀧純子（おおたき・じゅんこ）

（株）シナジーカンパニージャパン代表取締役。同社の創業メンバーの一人。オーガニックハーブ製品の開発、企画プロデューサー。（株）言葉とコトバ社代表取締役。JCDA 認定キャリアカウンセラー。1967 年、埼玉県生まれ。学習院大学文学部心理学科卒。大学卒業後、システムエンジニアとして大手金融会社のシステム開発などに携わった後、出産、子育てのため家庭に入る。その後、在宅での商品開発やバイヤー職など、あらたなキャリアを積み重ねる。社会人の息子が一人。

女、今日も仕事する

二〇一五年七月四日　初版第一刷発行
二〇一八年十月五日　初版第三刷発行

著　者　大瀧純子

発行者　三島邦弘

発行所　㈱ミシマ社
郵便番号 一五二－〇〇三五
東京都目黒区自由が丘二－六－一三
電話　〇三（三七二四）五六一六
FAX　〇三（三七二四）五六一八
e-mail hatena@mishimasha.com
URL　http://www.mishimasha.com/
振替　〇〇一六〇－一－三七二九七六

ブックデザイン　尾原史和（スープデザイン）
印刷・製本　（株）シナノ
組版　（有）エヴリ・シンク

ISBN978-4-903908-65-6

好評既刊

いま、地方で生きるということ

西村佳哲

「どこで働く？」「どこで生きる？」

「働き・生きること」を考察してきた著者が、「場所」から「生きること」を考えた旅の記録。働き方研究家の新境地。

ISBN978-4-903908-28-1　1700円

現代の超克——本当の「読む」を取り戻す

中島岳志・若松英輔

今こそ、名著の声を聴け！

柳宗悦、ガンディー、『近代の超克』…現代日本の混迷を救うため、気鋭の政治哲学者、批評家の二人が挑んだ、全身全霊の対話。

IISBN978-4-903908-54-0　1800円

シェフを「つづける」ということ

井川直子

10年で奇跡　30年で伝説

2000年代、シェフを夢見てイタリアに渡った若者たちが、不景気とそれぞれの人生の現実に直面し苦闘する10年を追う。

ISBN978-4-903908-58-8　1800円

（価格税別）